EL PACTO EDUCATIVO GLOBAL

LA EDUCACIÓN INTEGRAL COMO EJE TRANSFORMADOR DE LA NUEVA HUMANIDAD

Miguel Ángel Fuentes Romero

EDUCAR

P P C

© 2026, Miguel Ángel Fuentes Romero
© 2026, PPC, Editorial y Distribuidora, S. A.
    Impresores, 2
    Parque Empresarial Prado del Espino
    28660 Boadilla del Monte (Madrid)
    ppcedit@ppc-editorial.com
    www.ppc-editorial.com

ISBN 978-84-288-4363-8
Depósito legal M-5041-2026
Impreso en la Unión Europea / *Printed in the European Union*

A Francisco:

Papa, pastor y profeta de nuestro tiempo

Con su testimonio ha ejercido autoridad desde el servicio
y con su magisterio ha aportado una teología encarnada

Deo gratias

PRÓLOGO

Nunca en la historia hemos tenido un conocimiento exacto sobre estas cuatro realidades como la tenemos hoy: conocer el problema, conocer la solución, no actuar y saber que no debemos actuar solos, sino que hemos de colaborar con muchos. Si lo llevamos al campo de la educación: hoy sabemos que no estamos educando bien y que la educación no responde a las necesidades y desafíos actuales; igualmente sabemos qué debemos hacer para mejorar la educación a través de lo aportado por múltiples investigaciones, informes y prácticas exitosas; pero no actuamos, seguimos repitiendo lo que siempre hemos hecho o introduciendo algunas mejoras descontextualizadas y puntualmente, sin continuidad; y de igual forma, seguimos actuando en solitario, como francotiradores, con lo que nuestras acciones de mejora educativa resultan ineficaces y apenas cambian nada.

Actualmente, la educación en general y la educación católica en particular vienen atravesando una profunda crisis de identidad y de sentido. Todos coinciden al afirmar que la educación no responde a las necesidades y desafíos actuales y futuros, que se ha quedado anclada en el pasado, siendo rutinaria, memorística y competitiva, que discrimina y fragmenta la persona. De ahí que tanto el magisterio de la Iglesia católica como de las instituciones internacionales de educación, así como los expertos en la materia, nos digan que nos encontramos ante una emergencia educativa, o como llegó a afirmar el papa Francisco en octubre de 2020 al relanzar el Pacto Educativo Global: "En catástrofe educativa".

Pero lo peor de todo es que hoy conocemos la gravedad del problema, los estudios, investigaciones e informes han aportado soluciones muy válidas para mejorar la educación, soluciones conocidas y repetidas una y otra vez; con todo, no actuamos, seguimos anclados en el pasado, al arbitrio de la moda y de los intereses variables y oportunistas de los mercados y de los Estados. Y como señalábamos anteriormente, en cuarto lugar, cada vez somos más conscientes de que no debemos actuar solos sino con otros. Es a través de la actuación conjunta, coordinada y colaborativa como podremos cambiar la educación y así transformar la vida de las personas y de los contextos en los que habitan.

A lo largo de estas páginas, Miguel hace un recorrido sobre lo que nos viene diciendo la Iglesia católica desde el Vaticano II hasta nuestros días respecto de la educación y cómo hemos de abordar la educación católica de hoy y de mañana, indicando a su vez algunas de las principales pinceladas de cómo debe ser la educación católica. Así, en la *Gravissimum educationis* se nos decía que hemos de humanizar, que todos tienen derecho a una educación de calidad y que hemos de educar integralmente (cabeza, corazón, manos), como tanto insistió el papa Francisco a lo largo de su pontificado.

Han transcurrido sesenta años de su publicación y su mensaje no ha calado en las escuelas católicas, seguimos educando fragmentadamente, solo la cabeza, olvidándonos frecuentemente del corazón y de las manos que nos llevan al servicio y al compromiso social en favor de los demás. La educación sigue siendo un derecho incumplido y, en algunos contextos, un derecho en claro retroceso, que excluye o impide a muchos el acceso a la educación. Vemos además que el mundo se deshumaniza, volviéndonos depredadores unos para con otros, casi como en la prehistoria, en lugar de ser más humanos, fraternos y compasivos.

En el presente libro se expone con claridad que la educación debe transformar vidas y territorios. Se ha de propiciar una escuela inclusiva que acoja a todos y los cuide. La escuela católica se encuentra en la avanzadilla de la Iglesia, siendo un lugar de encuentro, de diálogo, de escucha atenta, adaptada y amable, de manera que nadie quede excluido, ni que nadie quede atrás, sino que todos sean atendidos y cuidados. Hemos de lograr una educación que responda a las necesidades y desafíos actuales y futuros.

Miguel justifica bien y se suma a la corriente mayoritaria de que cambiando la educación lograremos modificar la vida de las personas y las sociedades, consiguiendo cocrear un mundo más humano, fraterno, solidario y sostenible. No duda en calificar de profética la invitación del papa Francisco en 2019 a un Pacto Educativo Global. Muchos católicos e incluso no católicos la han etiquetado de igual forma.

Recientemente el papa León XIV, en el Jubileo del Mundo Educativo de octubre de 2025, asumía este legado del papa Francisco, lo hacía suyo y lo relanzaba ampliando los objetivos de siete a diez; añadía tres nuevos: educar la vida interior, humanizar lo digital y construir la paz. No cabe duda de que, en estos cinco años transcurridos desde la primera invitación al pacto por la educación, el mundo ha cambiado y sigue cambiando vertiginosamente, retrocediendo en derechos e incrementado el deterioro personal, social y ambiental; por ello surge la necesidad de incrementar los objetivos básicos del pacto.

El papa León XIV define y sitúa al pacto como "la estrella polar" de la educación; así, en su carta apostólica *Diseñar nuevos mapas de esperanza* nos dice: "Con gran gratitud recojo esta herencia profética que nos ha confiado el papa Francisco. Es una invitación a formar una alianza y una red para educar en la fraternidad universal" (10.1). E invita a la educación católica a "ser un faro: no un refugio nostálgico, sino un laboratorio de discernimiento, innovación pedagógica y testimonio profético" (11.1).

El Pacto Educativo Global nos invita a salir al encuentro de los otros, a no quedarnos encerrados en nuestras cuatro paredes. A este respecto el papa León XIV en dicha carta apostólica nos decía también: "La educación cristiana es una obra coral, nadie educa solo" (3.1).

Como dijimos, *Gravissimum educationis* no ha perdido fuerza después de sesenta años y sigue vigente. Bajo su auspicio han nacido un gran número de obras e instituciones católicas que, siguiendo su estrella, trabajan por cambiar la educación y responder a las necesidades actuales y futuras. Sin duda, quedan muchos aspectos de esta por consolidar y dar vida en las aulas y en las demás acciones educativas y evangelizadoras. Hoy se requiere más que nunca la colaboración, trabajar juntos para construir ese pacto que nos guía y enruta, dando sentido y proyección a nuestra misión educativa. En *Gravissimum educationis* se nombraba en ocho ocasiones la necesidad de colaborar y se ponía la semilla del pacto en el punto tercero: "El deber de la educación, que compete en primer lugar a la familia, requiere la colaboración de toda la sociedad".

Por último, Miguel nos brinda algunas iniciativas inspiradoras que nos muestran cómo tejer el Pacto Educativo Global desde lo local, desde cada escuela, barrio, municipio o región. Para ello es necesario involucrar progresivamente a todos los agentes y sectores educativos y sociales del contexto para aunar voluntades y esfuerzos y cocrear juntos una nueva educación que genere humanidad y fraternidad, contribuyendo al bien común. Todos debemos pasar a la acción, no quedarnos en las palabras o en el mero conocimiento de lo que se debería hacer, sino que hemos de ponernos manos a la obra y de forma creativa, responsable y comprometida construir un mundo mejor para todos a través de la educación. Para lograrlo, es básico y urgente tejer juntos un pacto por la educación que involucre a todos.

Me gustaría terminar este prólogo con las palabras del papa León XIV en su carta apostólica: "La educación ha sido siempre una de las expresiones más altas de la caridad cristiana. El mundo necesita esta forma de esperanza" (1.3). No le defraudemos, ni defraudemos a todos los que creen y esperan que una nueva educación es posible.

Gracias, Miguel, por fundamentar el camino y lanzarnos a la acción. Y como decía el premio Gandhi para la paz de 2003, Václav Havel: "La esperanza no es creer que todo irá bien, sino creer que nuestra acción puede cambiar las cosas".

Juan Antonio Ojeda Ortiz
Consultor del Dicasterio para la Cultura y la Educación
Responsable de proyectos de la Oficina Internacional
de la Educación Católica

INTRODUCCIÓN

"La educación es una de las formas más efectivas de humanizar el mundo y la historia. La educación es ante todo una cuestión de amor y responsabilidad que se transmite en el tiempo de generación en generación"[1]. Estas palabras del papa Francisco son el pórtico de entrada a esta obra, la cual pretende ofrecer una visión panorámica tanto de documentos eclesiales y civiles como de realidades relacionadas con el Pacto Educativo Global (en adelante, PEG).

Como docente de Secundaria y Bachillerato y como padre de familia estoy convencido de que la educación es parte de la identidad del ser humano y debería ser un aspecto cultural y espiritual mejor valorado y promocionado. Con el título *El Pacto Educativo Global. La educación integral como eje transformador de la nueva humanidad* pretendo poner de manifiesto la importancia que tiene el proceso educativo en y para la Iglesia, desde el Concilio Vaticano II hasta el papa León XIV, y que, en su predecesor, el papa Francisco, ha tenido un singular exponente. Considero la figura y la labor de Bergoglio profética, pues ha denunciado y propuesto soluciones al drama de la educación actual con su magisterio y teología encarnadas.

Su predecesor, el papa Benedicto XVI, en relación con la educación, afirmaba en 2008: "Se habla de una gran *emergencia*

---

[1] FRANCISCO, *Videomensaje con ocasión del encuentro promovido y organizado por la Congregación para la Educación Católica: "Global Compact on Education. Together to look beyond"* (15 de octubre de 2020).

educativa, confirmada por los fracasos en los que muy a menudo terminan nuestros esfuerzos por formar personas sólidas, capaces de colaborar con los demás y de dar un sentido a su vida"[2]. En efecto, el cambio de paradigma en el cual la humanidad está inmersa necesita unos fundamentos renovados, fundamentos sólidos permeables al cambio antropológico que el ser humano está experimentando. En este sentido, la educación es la respuesta más potente que tiene el ser humano para ayudarse a sí mismo y a las próximas generaciones. Más adelante decía Benedicto XVI en relación con la necesidad de una educación en valores sólidos:

> La solicitan los padres, preocupados y con frecuencia angustiados por el futuro de sus hijos; la solicitan tantos profesores, que viven la triste experiencia de la degradación de sus escuelas; la solicita la sociedad en su conjunto, que ve cómo se ponen en duda las bases mismas de la convivencia; la solicitan en lo más íntimo los mismos muchachos y jóvenes, que no quieren verse abandonados ante los desafíos de la vida[3].

A su vez, la Unesco se suma a este llamamiento y advierte de la necesidad de un cambio urgente en materia educativa y apuesta por un contrato social. En su último informe titulado *Reimaginar juntos nuestros futuros. Un nuevo contrato social para la educación* afirma lo siguiente:

> Hoy día, al enfrentarnos a graves riesgos para el futuro de la humanidad y la del propio planeta, debemos reinventar urgentemente la educación para que nos ayude a afrontar los

---

[2] Benedicto XVI, *Mensaje a la diócesis de Roma sobre la tarea urgente de la educación* (21 de enero de 2008).

[3] Benedicto XVI, *Mensaje a la diócesis de Roma sobre la tarea urgente de la educación* (21 de enero de 2008).

retos que compartimos. Este acto de reimaginar significa trabajar juntos para crear futuros que sean compartidos e interdependientes. El nuevo contrato social para la educación debe unirnos en torno a los esfuerzos colectivos y proporcionar el conocimiento y la innovación necesarios[4].

En la primera parte, tratamos de sintetizar, a través de documentos eclesiales, cómo se fue gestando el PEG promovido por el papa Francisco y actualizado por su sucesor. Comenzando por *Gravissimum educationis* del Concilio Vaticano II, siguiendo con *Ex corde Ecclesiae* de Juan Pablo II y *Veritatis gaudium* de Francisco y finalizando con documentos de la Congregación para la Educación Católica (hoy integrado en el Dicasterio para la Cultura y la Educación), así como la carta apostólica de León XIV relacionada con la educación, pretendemos ofrecer una visión sintética pero clarificadora del *Sitz im Leben* del PEG.

En la segunda parte, pretendemos contestar a las cuestiones fundamentales sobre qué es, por qué es necesario y para qué existe el PEG. Para ello, analizamos los mensajes del papa Francisco, los compromisos a los que conlleva dicha alianza educativa y finalizamos el apartado analizando el *instrumentum laboris* del PEG que ofrece la Congregación para la Educación Católica.

Por último, en la tercera parte, llevamos a cabo un estudio sobre tres modelos de alianza educativa que actualmente se están llevando a cabo y que comparten el mismo espíritu que el PEG.

A la vez que partimos del magisterio eclesial, es necesario realizar un ejercicio sano e inclusivo de la teología como

---

[4] UNESCO, *Reimaginar juntos nuestros futuros. Un nuevo contrato social para la educción*, 2021.

motor de encuentro que intenta establecer cauces de comprensión y relación entre el mundo y sus circunstancias actuales. En este sentido, la teología fundamental está capacitada, desde su ámbito "fronterizo", para aportar respuestas y orientaciones adecuadas entre la educación católica y las necesidades actuales del mundo contemporáneo. Asimismo, otras ciencias humanas como la antropología, la sociología, la psicología o la pedagogía, entre otras, aportan datos significativos que nos ayudan a completar una visión integral del ser humano. Se trata, en definitiva, de desarrollar una teología encarnada capaz de ayudar a discernir, en los signos de los tiempos, el Espíritu de Dios para proyectarlo en el mundo.

Confiamos en poder desarrollar todo lo expuesto con rigor científico y teológico y que sirva para mayor abundancia del tema de la educación en la Iglesia y en el mundo.

1

DOCUMENTOS ECLESIALES SOBRE LA EDUCACIÓN CATÓLICA DESDE EL CONCILIO VATICANO II A LEÓN XIV

INTRODUCCIÓN

Desde el Concilio Vaticano II (1962-1965) hasta nuestros días, la Iglesia ha desarrollado un rico patrimonio magisterial relacionado con la educación. En efecto, la Iglesia como madre y maestra sigue el encargo recibido de su Fundador, que es anunciar a la humanidad entera el misterio de la salvación (*cf. MM* 402).

En el contexto del PEG, se hace imprescindible acudir a aquellos documentos que sirvieron para su fundamento y que, a su vez, han ido marcando el pensamiento educativo de la Iglesia: la declaración *Gravissimum educationis* (1965) del Concilio Vaticano II y la constitución apostólica *Ex corde Ecclesiae* de Juan Pablo II (1990).

Ambos textos magisteriales abordan el tema de la educación, no solo como un proceso en el cual se transmiten los conocimientos, sino como un proceso de formación integral, potenciando todos los aspectos de la persona, fundamentalmente su dignidad como persona humana. Mientras que *Gravissimum educationis* sienta las bases teológicas y pastorales sobre la educación y, concretamente, la educación cristiana (afirmando el derecho universal de todos los niños y adolescentes a recibir una adecuada formación integral y al papel insustituible de las familias en su labor educadora y del Estado como agente subsidiario), *Ex corde Ecclesiae* focaliza su atención hacia el modelo de universidades católicas que la Iglesia necesita para sí y para la humanidad, en las que la fe y la razón dialoguen al servicio de la verdad y la cultura.

Por otro lado, vamos a desarrollar, en este apartado, el documento que Francisco promulgó en 2017 titulado *Veritatis gaudium* y que nos ayudará a comparar la evolución educativa en el ámbito universitario.

Por último, tres documentos de la Congregación para la Educación Católica nos permitirán conocer de una manera más directa los prolegómenos de la alianza educativa y cómo se fue gestando pocos años antes de su lanzamiento.

1

CONCILIO VATICANO II:
GRAVISSIMUM EDUCATIONIS

La Iglesia siempre ha sido consciente de la importancia que la educación tiene en la vida del ser humano y su influjo en la sociedad; el Concilio ecuménico va a exponer en su declaración *Gravissimum educationis* "algunos principios fundamentales sobre la educación cristiana, [...] principios que una vez terminado el Concilio deberá desarrollar más ampliamente una comisión especial, y habrán de ser aplicados por las conferencias episcopales a las diversas condiciones de los países" (*GE*, "Proemio").

Seguidamente, abordamos de forma sintética los derechos educativos recogidos en la declaración conciliar y que están relacionados con el derecho a la educación, las obligaciones de las familias y las escuelas católicas.

1. DERECHO UNIVERSAL A LA EDUCACIÓN Y SU NOCIÓN[5]

Al comienzo de la declaración se nos indica que todas las personas, sin distinción de raza, condición y edad, tienen derecho a la educación, pues todas están dotadas de la dignidad humana y dicha educación debe estar abierta a la asociación fraterna con otros pueblos, fomentando unidad y paz en la tierra.

---

[5] *Cf. GE* 1.

Más adelante, los padres conciliares afirman que es necesario que se tengan presente, en el proceso educativo, aquellas ciencias humanas (psicología, pedagogía y didáctica) para un mejor desarrollo de las cualidades físicas, morales e intelectuales de los niños y adolescentes.

Por último, se insta a que los niños y adolescentes se les eduque en valores morales para que tengan una conciencia recta, llegando a conocer y amar a Dios.

2. LAS FAMILIAS, VERDADERAS EDUCADORAS. OBLIGACIONES Y DERECHOS

Compete a las familias el deber *gravísimo* de educar a la prole, ya que son las primeras y principales educadoras. Su papel es tan importante que, si ellas faltan en su labor educativa, difícilmente se podrán suplir. Son las familias las que tienen que favorecer la educación integral de sus hijos. La familia se establece, por tanto, como la primera escuela en virtudes sociales. Y en el caso de las familias cristianas, es necesario que, desde sus primeros años, los hijos sean educados a sentir a Dios, tratar con él y amarlo en el prójimo. *Gravissimum educationis* afirma que: "Por medio de la familia, [...] [los hijos] se van introduciendo suavemente en la sociedad civil y en el pueblo de Dios" (*GE* 3).

Cabe establecer que a la sociedad civil le tocan determinados derechos y obligaciones relacionadas con la educación. En particular, ha de proteger los derechos y obligaciones de las familias, conforme al principio de subsidiariedad. En este sentido, la sociedad debe completar el esfuerzo educativo de las familias cuando estas no lo puedan asumir, siempre respetando sus deseos.

Por su parte, a la Iglesia le corresponde el oficio de educar. En primer lugar, la Iglesia debe comunicar a sus hijos la vida de Cristo y ayudarles con su cuidado constante; y, en segundo lugar, a los no creyentes o no cristianos, la Iglesia les debe ofrecer colaboración y promover la perfección íntegra de la persona humana "en bien de la misma sociedad terrestre y para la edificación de un mundo que esté configurado más humanamente" (*GE* 3).

3. LAS ESCUELAS CATÓLICAS

De todos los medios para educar, la escuela tiene una importancia especial, ya que está destinada a cultivar las facultades intelectuales, desarrollar una actitud crítica y fomentar los valores morales, así como una sana amistad entre los alumnos (*cf. GE* 5).

La escuela católica persigue estos mismos fines, promoviendo la cultura y la formación humana entre sus alumnos. Pero lo característico de las escuelas católicas debe ser el ambiente formado y que debe estar imbuido por el Evangelio. De esta manera, ayuda a desarrollar en su alumnado una cultura del encuentro con Dios y con el prójimo, iluminando sus vidas por la fe (*cf. GE* 8). Sin embargo, todas las escuelas católicas (distribuidas por el orbe de la Tierra) deben asemejarse, en la medida de lo posible. Si las escuelas potencian la enseñanza primaria y media, constituyendo el fundamento de la educación, los institutos y escuelas profesionales, por su parte, desarrollan la labor educativa en jóvenes y adultos.

En relación con las universidades católicas, estas prestan un singular servicio a la Iglesia promoviendo el pensamiento cristiano en la vida pública y promocionando la cultura superior en los adultos. Las facultades de ciencias sagradas, afirma la declaración, "aumente el diálogo con los hermanos separados y con los no cristianos, y se responda a los problemas suscitados por el progreso de las ciencias" (*GE* 11). En este sentido, y para favorecer el crecimiento académico y social, los padres conciliares apuestan por una doble coordinación: por un lado, exhortan a que las escuelas católicas fomenten una adecuada coordinación y colaboración por el bien de la comunidad y, por otro lado, reclaman que las facultades de cada universidad colaboren entre sí, promoviendo investigaciones conjuntas que contribuyan a una ayuda mutua (*cf. GE* 12).

Esta misión de buscar el bien común y ordenar la vida terrena al reino de Dios debe abrirse al mundo a través del diálogo para mutuo beneficio.

En definitiva, podemos afirmar que el Concilio Vaticano II anima, en primer lugar, a que los jóvenes abracen con ánimo la labor educativa, sobre todo allí donde más hace falta; y, en segundo lugar, a que sacerdotes, religiosos y laicos sigan dedicando con excelencia su labor educativa acrecentando la presencia del Evangelio en medio del mundo y en la vida pública (*cf. GE*, "Conclusión").

2

EX CORDE ECCLESIAE Y *VERITATIS GAUDIUM*: UNA MIRADA A LA UNIVERSIDAD CATÓLICA

El 15 de agosto de 1990 Juan Pablo II hizo pública su constitución apostólica *Ex corde Ecclesiae* sobre las universidades católicas. Este documento surge como respuesta a un contexto en creciente secularización y cuyos desafíos culturales necesitan respuestas actualizadas. El Pontífice pretende definir la identidad y misión de las instituciones educativas superiores católicas.

Para ello, Juan Pablo II propone un modelo de universidad católica que ofrezca una visión integral del ser humano donde fe y razón estén en continuo diálogo. *Ex corde Ecclesiae* propone criterios teológicos, pastorales y sociales que buscan ofrecer a las nuevas generaciones una formación desde el corazón del Evangelio.

Dentro del marco del PEG, esta constitución apostólica muestra la identidad sobre cómo ha de desarrollarse la educación en la sociedad contemporánea. En efecto, Juan Pablo II insiste, en este documento, y afirma que la auténtica educación pasa por una apertura a la trascendencia, a la responsabilidad social y en una continua apertura a la verdad.

En definitiva, el diálogo y la perspectiva de un renovado antropocentrismo evidencian continuidad y progreso en el pensamiento educativo de la Iglesia contemporánea.

1. IDENTIDAD DE LA UNIVERSIDAD CATÓLICA EN *EX CORDE ECCLESIAE*

El diálogo de la Iglesia con la cultura contemporánea es de vital importancia, ya que está en juego el futuro de la Iglesia y del mundo. Como afirma Wojtyla: no existe más que una cultura, la humana, del hombre y para el hombre. La Iglesia, al investigar el misterio del ser humano y del mundo a la luz de la revelación, se convierte, de esta manera, experta en humanidad (*cf. ECE* 3). La universidad católica trabaja en todos los campos sin temor, pues es precedida por el *Logos*, cuyo Espíritu capacita a la persona humana para encontrar las respuestas a las cuestiones fundamentales de su existencia.

Para que sea fructífera la investigación y poder llegar a toda la verdad, la universidad católica establece un fecundo diálogo con todas las personas de cualquier cultura. Diálogo que se traduce en descubrimientos científicos y tecnológicos que sumergen al hombre contemporáneo en una búsqueda constante, en un anhelo por entrar en la dimensión moral y espiritual que le permita valorar, con una perspectiva total, al ser humano (*cf. ECE* 7).

En este compromiso por la verdad y su transmisión, los seglares ocupan un papel esencial, ya que son los que van a tener una mayor presencia en el mundo académico y deben estar preparados convenientemente para desempeñar su misión y responsabilidad ante el mundo (*cf. ECE* 10).

Por tanto, la universidad católica se concibe como una comunidad educativa que contribuye al desarrollo de la dignidad humana. Entre sus objetivos destaca el de garantizar la presencia de la luz del Evangelio y así hacer frente a los problemas culturales y sociales. Para ello, la universidad debe asumir estas características esenciales, que, según Juan Pablo II, son: inspiración cristiana, reflexión a la luz de la fe católica, fidelidad al mensaje cristiano y servir al pueblo de Dios y a la familia humana (*cf. ECE* 13).

En su afán por el conocimiento y la verdad, la universidad católica se debe comprometer con el diálogo entre fe y razón, pues ambas se encuentran en la única verdad. A este respecto afirman los padres conciliares:

> [La] investigación metódica en todos los campos del saber, si se realiza de una forma auténticamente científica y conforme a las leyes morales, nunca será en realidad contraria a la fe, porque las realidades profanas y las de la fe tienen su origen en el mismo Dios (*GS* 36).

De lo dicho hasta ahora, se desprende la idea de que la dignidad de la persona humana debe situarse en el centro tanto del saber como de cualquier investigación científica y tecnológica, y no al margen. Es esencial que exista una primacía de lo ético sobre lo técnico, del ser humano sobre las cosas y del espíritu sobre la materia. En consecuencia, si en toda disciplina y en todo proceso educativo, de investigación y tecnológico, están presentes las cuestiones morales, todo irá encaminado al desarrollo integral de la persona (*cf. ECE* 20).

Por último, respecto de la comunidad universitaria, cabe reseñar que Juan Pablo II defiende una manera de comunidad animada por el Espíritu de Cristo, en la que exista respeto, diálogo sincero y salvaguarda de los derechos. Todos los agentes educativos deben estar unidos y consagrados en la búsqueda de la verdad. Esta comunidad universitaria, abierta al diálogo, asume la inclusión de:

Miembros pertenecientes a otras Iglesias, a otras comunidades eclesiales y religiones, e incluso personas que no profesan ningún credo religioso. Estos hombres contribuyen con su formación y su experiencia al progreso de las diversas disciplinas académicas o al desarrollo de otras tareas universitarias (*cf. ECE* 26).

2. MISIÓN Y SERVICIO DE LA UNIVERSIDAD CATÓLICA EN *EX CORDE ECCLESIAE*

Para Juan Pablo II, la misión fundamental de la universidad católica es la constante búsqueda de la verdad a través de la investigación y su puesta a disposición para el bien de la sociedad (*cf. ECE* 30).

Dado que la universidad católica está inmersa en la sociedad humana, como cualquier otra universidad, su ámbito de investigación incluirá aquellos problemas contemporáneos que tengan que ver con la dignidad humana, la justicia social, la vida personal y familiar, el medioambiente, la búsqueda de la estabilidad política y la paz, la distribución justa de los recursos del mundo y un nuevo ordenamiento político y económico que pueda servir de mejor forma al mundo. Wojtyla exhorta a las universidades católicas a tener valentía de expresar aquellas verdades que, aunque sean incómodas y no halaguen a la sociedad, sin embargo, son necesarias para el bien común (*cf. ECE* 32).

Juan Pablo II nos recuerda que la Iglesia trabaja incansablemente por el crecimiento integral de todo hombre y de toda mujer (*cf. SRS* 27-34). El cristiano debe compartir su espíritu de servicio, también en el ámbito universitario; espíritu compartido por profesores y fomentado entre alumnos. En este sentido, la doctrina social de la Iglesia llama urgentemente a promover:

El desarrollo de los pueblos, que luchan por liberarse del yugo del hambre, de la miseria, de las enfermedades endémicas y de la ignorancia; de aquellos que buscan una participación más amplia en los frutos de la civilización y una valoración más activa de sus cualidades humanas; que se mueven con decisión hacia la meta de su plena realización (*PP* 1).

Es por ello por lo que la universidad católica está llamada a contribuir al progreso de la sociedad en la que trabaja, y lo puede hacer, particularmente, haciendo accesible la educación universitaria a aquellos estudiantes más desfavorecidos o a grupos minoritarios (*cf. ECE* 34). Es esencial que la universidad católica ofrezca cooperaciones entre las distintas disciplinas académicas; aún más, debe insistir en programar proyectos comunes de investigación entre universidades católicas con otras instituciones públicas y privadas. Estimulando, de esta manera, formas de diálogo y comunicación se favorecerá al "desarrollo, la comprensión entre las culturas y la defensa de la naturaleza con una conciencia ecológica internacional" (*ECE* 37). En definitiva, será una labor destinada al bien común.

En relación con la cultura, Juan Pablo II afirma que:

La universidad promueve la cultura mediante su actividad investigadora, ayuda a transmitir la cultura local a las generaciones futuras mediante la enseñanza. [...] Está abierta a toda experiencia humana, pronta al diálogo y a la percepción de cualquier cultura (*ECE* 43).

Además, Wojtyla pone de manifiesto que la universidad católica es un lugar privilegiado para el diálogo entre la cultura y el Evangelio, pues es consciente de que la cultura humana está abierta a la trascendencia y a la revelación. En efecto, la universidad católica debe asistir a la Iglesia en una labor de investigación de la cultura que la ayude en su misión evangelizadora. Pues, aunque el Evangelio no se puede identificar con una determinada cultura, ya que las trasciende todas, también es cierto que el reino de Dios es anunciado a personas concretas que viven bajo una determinada cultura y la fe no puede colocarse a expensas de lo que es humano, pues sería una fe en proceso de autoanulación (*cf. GS* 58).

Asimismo, Juan Pablo II anima a la universidad católica a esforzarse por discernir las aspiraciones y las contradicciones de la cultura moderna, con el fin de hacerla más adecuada y apta para el desarrollo integral de la humanidad. Llegando, de esta manera, a armonizar las culturas tradicionales "con la contribución positiva de las culturas modernas" (*cf. ECE* 45).

Por último, sobre la evangelización, debemos considerar que Juan Pablo II, consciente de que la Iglesia tiene como primera misión anunciar el Evangelio, debe garantizar la relación entre la vida y la fe tanto personal como sociocultural. En este sentido, aclara el Pontífice, que no se trata de predicar el Evangelio en determinadas zonas del mundo, sino, antes bien, de transformar desde lo más profundo con la fuerza del Evangelio los criterios, valores, líneas de pensamiento, aspiraciones y modelos de vida de la humanidad (*cf. EN* 18).

Como conclusión a su constitución apostólica, Juan Pablo II indica que la misión que la Iglesia confía a las universidades católicas reviste tanto un significado religioso como cultural. Misión que tiene que ver con la humanidad entera. Pues de lo que se trata es de dar testimonio de Cristo al hombre, a la sociedad y a las culturas (*cf. ECE*, "Conclusión").

3. La universidad católica
en *Veritatis gaudium*

El papa Francisco promulgó el 8 de diciembre de 2017 la constitución apostólica *Veritatis gaudium* sobre las universidades y facultades eclesiásticas. En su proemio afirma dos aspectos relevantes: por un lado, la alegría de la verdad que manifiesta el deseo y la inquietud del ser humano por encontrar a Dios (*cf. VG*, "Proemio"); por otro lado, el hecho de que la Verdad no es una idea abstracta, sino que es Jesucristo, el Verbo de Dios que da la luz a hombres (*cf.* Jn 1,4)[6]. En el encuentro con Jesucristo, el corazón del hombre experimenta la luz del sentido de su existencia y se abre a la comunión con Dios, con los hombres y con la creación. Dios, en su providencia, busca la unidad. Jesús de Nazaret, en su oración al padre lo manifiesta así: "Para que todos sean uno, como tú, Padre, en mí, y yo en ti, que ellos también sean uno en nosotros" (Jn 17,21).

Esta identidad individual y comunitaria es con la que Jesucristo impulsa a la Iglesia para que la anuncie a una humanidad necesitada de una civilización del amor (*cf. VG* 1). Francisco afirma que es el momento oportuno para relanzar los estudios eclesiásticos en el marco de la nueva etapa de la misión de la Iglesia. El mismo Concilio Vaticano II, en su decreto *Optatam totius* (28 de octubre de 1965), promovió una revisión de los estudios eclesiásticos, tarea que fue culminada por Juan Pablo II con la constitución apostólica *Sapientia christiana* y promulgada el 15 de abril

---

[6] A este respecto conviene traer la siguiente consideración: "El misterio del hombre no se aclara de verdad, sino en el misterio del Verbo encarnado" (*GS* 22).

de 1979. Como recordó el papa Francisco en el Congreso Internacional de Teología:

> Buscar superar este divorcio entre teología y pastoral, entre fe y vida, ha sido precisamente uno de los principales aportes del Concilio Vaticano II. Me animo a decir que ha revolucionado en cierta medida el estatuto de la teología, la manera de hacer y del pensar creyente[7].

Para lograr dicho objetivo Bergoglio apela al decreto conciliar, el cual exhorta a conjugar la Sagrada Escritura, la sagrada liturgia y la tradición viva de la Iglesia en diálogo con los hombres de su tiempo, para escuchar sus problemas y necesidades (*cf. OT* 16).

A su vez, Benedicto XVI recoge el testigo de Juan Pablo II para impulsar una nueva etapa de pensamiento y urge a "vivir y orientar la globalización de la humanidad en términos de relación, comunión y participación" (*CV* 42).

Francisco realiza un repaso del magisterio social de la Iglesia, nombra y enumera documentos como *Evangelii nuntiandi, Populorum progressio, Redemptor hominis, Fides et ratio, Laborem exercens, Sollicitudo rei socialis, Centesimus annus, Caritas in veritate* y *Laudato si'*, para poner de manifiesto la visión profética de la cuestión social y cómo es un tema antropológico que afecta a toda la humanidad.

El papa Francisco asume que ha llegado el momento de renovar los estudios eclesiásticos para que estén más actualizados y en consonancia con la transformación misionera de la Iglesia *en salida*. En la actualidad, nos encontramos in-

---

[7] FRANCISCO, *Videomensaje al Congreso Internacional de Teología organizado por la Pontificia Universidad Católica Argentina Santa María de los Buenos Aires* (1-3 de septiembre de 2015).

mersos en un cambio de época[8] marcado por una crisis antropológica (*cf. EG* 55), medioambiental, económica y migratoria en la que cada día nos encontramos "síntomas de un punto de quiebre, a causa de la gran velocidad de los cambios y de la degradación, que se manifiestan tanto en catástrofes naturales regionales como en crisis sociales o incluso financieras" (*LS* 61).

Esta situación de cambio de paradigma requiere una respuesta valiente y las facultades eclesiásticas deben estar preparadas para ser un referente mundial y construir liderazgos que marquen caminos. A este respecto, Bergoglio afirma que cada día es más evidente:

[La] necesidad de una auténtica hermenéutica evangélica para comprender mejor la vida, el mundo, los hombres, no de una síntesis sino de una atmósfera espiritual de búsqueda y certeza basada en las verdades de razón y de fe. La filosofía y la teología permiten adquirir las convicciones que estructuran y fortalecen la inteligencia e iluminan la voluntad, [...] pero todo esto es fecundo solo si se hace con la mente abierta y de rodillas. El teólogo que se complace en su pensamiento completo y acabado es un mediocre. El buen teólogo y filósofo tiene un pensamiento abierto, es decir, incompleto, siempre abierto al *maius* de Dios y de la verdad, siempre en desarrollo[9].

Ante este horizonte, ¿cuáles deben ser los criterios para relanzar la aportación de los estudios eclesiásticos en el marco de una Iglesia *en salida*? Siguiendo las enseñanzas

---

[8] *Cf.* FRANCISCO, *Discurso al quinto convenio nacional de la Iglesia italiana* (10 de noviembre de 2015).

[9] FRANCISCO, *Discurso a la comunidad de la Pontificia Universidad Gregoriana y a los miembros de los asociados Pontificio Instituto Bíblico y Pontificio Instituto Oriental Roma* (10 de abril de 2014).

del Concilio Vaticano II y dóciles al Espíritu Santo, así como asumiendo la vasta experiencia eclesial y sin perder de vista el *sensus fidei fidelium*, el papa Francisco propone los siguientes criterios:

1. Centralidad del *kerigma*. Como criterio prioritario se encuentra el anuncio del Evangelio de Jesucristo: misterio de salvación que hunde sus raíces en la Trinidad y que tiene, a su vez, concreción histórica en un pueblo peregrino y evangelizador (*cf. VG* 4a). La Iglesia debe ser esa levadura en medio del mundo que es ejemplo de fraternidad universal y que ha descubierto en el prójimo a Dios, pues "Dios, en Cristo, no redime solamente la persona individual, sino también las relaciones sociales entre los hombres"[10].

2. Diálogo a todos los niveles. Este diálogo debe ser entendido como una exigencia intrínseca para descubrir y experimentar la alegría de la Verdad. Por ello, el Evangelio como la doctrina de la Iglesia promueven una cultura del encuentro (*cf. EG* 239) abierta y generosa que posibilita el crecimiento de la conciencia humana universal (*cf. VG* 4b). A este respecto, Benedicto XVI afirma que: la verdad es *Logos* que crea *diá-logos* y, por tanto, comunicación y comunión (*cf. CV* 4).

3. Inter y transdisciplinariedad. Este criterio trata poner de manifiesto la importancia que tiene, en los estudios eclesiásticos, la diversidad de conocimientos que responden a la riqueza multiforme de la verdad a la luz de la Revelación (*cf. VG* 4c).

---

[10] CONSEJO PONTIFICIO JUSTICIA Y PAZ, *Compendio de la doctrina social de la Iglesia*, 52.

4. Crear redes. Este último criterio se refiere a la necesidad de entablar relaciones entre las instituciones que promueven estudios eclesiásticos y entre estas con las distintas realidades académicas de diferentes países, culturas y religiones (*cf. VG* 4d).

En este sentido, Francisco afirma que:

Las investigación compartida y convergente entre especialistas de diversas disciplinas constituye un servicio cualificado al pueblo de Dios y, en particular, al magisterio. [...] La teología y la cultura de inspiración cristiana han estado a la altura de su misión cuando han sabido vivir con riesgo y fidelidad en la frontera (*VG* 10).

En definitiva, podemos afirmar que, con la constitución apostólica *Veritatis gaudium*, Francisco actualiza y amplía la visión de *Ex corde Ecclesiae* de Juan Pablo II en un contexto cultural y antropológico que exige una renovación en las universidades y facultades eclesiásticas. Si, por un lado, *Ex corde Ecclesiae* tiene una visión más doctrinal y normativa, centrándose en la relación entre fe y razón y expone la necesidad del diálogo con la cultura; por su parte, *Veritatis gaudium* tiene una visión más espiritual y misionera, centrándose en el discernimiento y en el encuentro y exponiendo la urgencia por un diálogo con las periferias culturales y existenciales. En definitiva, Francisco renueva y actualiza la misión de la universidad católica desde la actitud profética y *en salida*, centrada en la compasión y la justicia social.

3

CONGREGACIÓN PARA LA EDUCACIÓN CATÓLICA: *EDUCAR AL DIÁLOGO INTERCULTURAL EN LA ESCUELA CATÓLICA* [11]

La Congregación para la Educación Católica es la institución de la Santa Sede a la que le ha sido confiada, después del Concilio Vaticano II, la tarea de profundizar en los principios de la educación católica, así como ofrecer una adecuada contribución para orientar la educación al diálogo intercultural en los centros docentes católicos.

En el tema que nos ocupa es de especial relevancia la composición multicultural de las sociedades contemporáneas, en las que, por una parte, la existencia de las distintas culturas representa una riqueza enorme para la sociedad, cuando este intercambio de riqueza cultura es recíproco; sin embargo, se puede convertir en un problema grave cuando la pluralidad cultural es temida y se vive como una amenaza contra la cohesión social. Ciertamente, este es un fenómeno que preocupa a gobiernos, instituciones internacionales y a la misma Iglesia.

En este contexto, la educación encuentra aquí un desafío para el presente y el futuro, de tal manera que debe hacer posible la convivencia entre las diversas culturas y ha

---

[11] Congregación para la Educación Católica, *Educar al diálogo intercultural en la escuela católica* (28 de octubre de 2013).

de lograrlo desde el diálogo. En efecto, las escuelas están llamadas a desarrollar sus proyectos educativos en constante apertura a otras culturas, sin perder la propia identidad. Se trata de un intercambio abierto que permita una comprensión de las diferencias para evitar los conflictos.

1. EL CONTEXTO: CULTURA Y RELIGIONES

Debemos partir del concepto de cultura para desarrollar este apartado de manera ecuánime. Vamos a adoptar la noción que este documento nos ofrece, y lo hace de la siguiente manera: "La cultura es expresión peculiar del ser humano, su específico modo de ser y de organizar la propia presencia en el mundo"[12]. Por tanto, gracias a la riqueza cultural, el hombre se desarrolla en sana relación con los demás seres humanos. Es significativo lo que apunta más adelante: "Las diversidades culturales representan, en realidad, una riqueza y deben ser comprendidas como expresiones de la fundamental unidad del género humano"[13].

En efecto, la variedad de culturas existentes son el resultado de la continua mezcla de comunidades humanas a lo largo de la historia de la humanidad, lo que hace que sea una riqueza para la humanidad y, en consecuencia, que no exista una cultura *pura*[14]. Por tanto, existe una diversidad de culturas dentro de la única comunidad humana, como si de una *aldea global* se tratase.

Aclarado el concepto de cultura del cual partimos, hemos de considerar que una de las consecuencias de la glo-

---

[12] IDEM, *ib.*, 1.
[13] IDEM, *ib.*, 1.
[14] *Cf.* IDEM, *ib.*, 3.

balización y la creciente multiculturalidad en la sociedad actual ha sido y es la reacción negativa a la rica y serena convivencia intercultural. No obstante, hemos de considerar que la pluralidad cultural y la riqueza de costumbres y lenguas son un enriquecimiento recíproco, y sería un error señalar las diferencias raciales y culturales como causa de los conflictos locales o mundiales. Antes bien, la raíz a estas guerras y luchas, muchas veces interesadas, residen en cuestiones políticas, económicas, étnicas, religiosas y territoriales[15].

Otro aspecto, y estrechamente relacionado con la cultura, es la relación existente entre religión y cultura. A este respecto debemos recordar lo que afirma el Pontificio Consejo para el Diálogo Interreligioso:

> El concepto de cultura supera en amplitud al concepto de religión. Existe una concepción según la cual la religión representa la dimensión trascendente de la cultura y, en cierto sentido, su alma. Las religiones, ciertamente, han contribuido al progreso de la cultura y a la edificación de una sociedad más humana[16].

Por tanto, la religión se incultura y la cultura es terreno fértil para que la humanidad crezca y esté a la altura de su profunda vocación trascedente hacia Dios y hacia el prójimo. En este sentido, la cultura se abre, por la religión, a la presencia de Dios, teniendo en él su último fundamento. Es por ello por lo que la religión se ofrece a res-

---

[15] Cf. IDEM, ib., 4-5.

[16] PONTIFICIO CONSEJO PARA EL DIÁLOGO INTERRELIGIOSO, CONGREGACIÓN PARA LA EVANGELIZACIÓN DE LOS PUEBLOS, *Diálogo y anuncio. Reflexiones y líneas acerca del anuncio del Evangelio y el diálogo interreligioso* (19 de mayo de 1991), 45.

ponder a aquellas preguntas fundamentales que siempre han acompañado a la humanidad y que los hombres esperan de las religiones y del diálogo interreligioso, esto es, respuestas a los enigmas de la condición humana[17]. Estamos inmersos en un avance secularizador en nuestra sociedad occidental que podría oponer resistencia y marginar la experiencia religiosa, llegando a remitirla a la esfera privada.

En consecuencia, se descarta una propuesta antropológica integral que reivindique una plena dignidad del ser humano y, en cambio, proliferan realidades pseudorreligiosas como las sectas y la *New Age*[18]. En este sentido, es necesario defender la religión en el ámbito público, ya que representa una aportación vital a la comunidad social y al bien común en la búsqueda de la promoción del hombre y de la mujer. A este respecto, la Congregación para la Educación Católica afirma lo siguiente:

La exclusión de la religión del ámbito público, así como el fundamentalismo religioso por otro lado, impiden el encuentro entre las personas y su colaboración para el progreso de la humanidad. [...] En el laicismo y en el fundamentalismo se pierde la posibilidad de un diálogo fecundo y de una provechosa colaboración entre la razón y la fe religiosa. La razón necesita siempre ser purificada por la fe. [...] A su vez, la religión tiene siempre necesidad de ser purificada por la razón. [...] La ruptura de este diálogo comporta un coste muy gravoso para el desarrollo de la humanidad (*CV* 56).

---

[17] *Cf.* Congregación para la Educación Católica, *Educar al diálogo intercultural en la escuela católica* (28 de octubre de 2013), 8.

[18] *Cf.* Idem, *ib.*, 9.

No podemos obviar quienes no tienen ningún credo religioso. En este sentido, el debate entre la fe y las diversas formas de ateísmo o de humanismo no religioso debe colocar en su centro la búsqueda de lo que realmente favorezca al desarrollo integral de la persona humana, evitando choques estériles[19].

Por último, sobre la relación entre la religión católica con otras religiones, cabe decir que el diálogo no es solo un coloquio sino establecer relaciones interreligiosas constructivas para un conocimiento recíproco[20]. El motivo por el cual la Iglesia se esfuerza por el diálogo con otras religiones radica en el hecho de todos somos creaturas de Dios y que todo hombre y mujer, a través de la razón, perciben el don de Dios, así como reconocen los valores universales.

Este diálogo, en definitiva, obedece al mandato del Maestro: "Para que todos sean uno, como tú, Padre, en mí, y yo en ti, que ellos también sean uno en nosotros, para que el mundo crea que tú me has enviado" (Jn 17,21). Este diálogo debe corresponder a un espacio donde el testimonio recíproco entre creyentes de distintas religiones conlleve una fidelidad a la propia identidad religiosa. En este sentido Benedicto XVI afirma:

Los cristianos proponen a Jesús de Nazaret. Él es, así lo creemos, el *Logos* eterno, que se hizo carne para reconciliar al hombre con Dios y revelar la razón que está en el fondo de todas las cosas. Es a él a quien llevamos al fórum del diálogo interreligioso. El deseo ardiente de seguir sus huellas im-

---

[19] *Cf.* IDEM, *ib.*, 12.

[20] *Cf.* CONGREGACIÓN PARA LA DOCTRINA DE LA FE, *Dominus Iesus* (16 de junio de 2000), 4.

pulsa a los cristianos a abrir sus mentes y sus corazones al diálogo (*cf.* Lc 10,25-37; Jn 4,7-26)[21].

2. ACTITUDES ANTE EL PLURALISMO CULTURAL

El pluralismo cultural es una realidad indiscutible de la humanidad. El problema que se plantea es valorar la importancia del diálogo y la integración entre las diversas culturas. El diálogo es posible y fructífero en la medida en que se toma conciencia de la dignidad de la persona humana y cuando todos aspiran a construir el bien común. Es por ello por lo que la opción por el diálogo se presenta como una guía abierta al futuro en respuesta a interpretaciones del pluralismo intercultural realizadas en el campo social, político y educativo[22].

Las actitudes tradicionales ante el pluralismo cultural, que se exponen en este documento, son: relativista y asimilacionista. A continuación, las desarrollamos.

- Actitud relativista. Se refiere no al carácter cambiante de la cultura sino a separarlas entre sí imposibilitando el diálogo entre ellas. Esta visión relativista impide una interpretación universalista. Este tipo de actitud relativista se fundamenta en una actitud de tolerancia y aceptación del otro, de una forma pasiva, es decir, sin que ello signifique intercambio, transformación, preocupación o amor hacia el otro. Esta pos-

---

[21] BENEDICTO XVI, *Discurso a los participantes en el encuentro con representantes de otras religiones* (17 de abril de 2008).

[22] *Cf.* CONGREGACIÓN PARA LA EDUCACIÓN CATÓLICA, *Educar al diálogo intercultural en la escuela católica* (28 de octubre de 2013), 21.

tura no es permeable a soluciones adecuadas para la convivencia, ya que se trata de un eclecticismo cultural asumido de manera acrítica donde los grupos culturales viven juntos pero separados y sin diálogo auténtico (*cf. CV* 26).

– Actitud asimilacionista. En este caso hablamos de una cultura universalista que desea imponer sus valores culturales (a través de su influencia política, económica, cultural) mostrando indiferencia hacia las demás culturas. El ejemplo sería el de un país donde se acepta la inmigración con la condición de que renuncien a su propia identidad y cultura, acogiendo la identidad del país que lo acoge (*cf. CV* 26).

– Actitud intercultural. Dado que las actitudes tradicionales ante el pluralismo cultural no han sido lo suficientemente eficaces en sus resultados, este texto aporta la perspectiva del diálogo intercultural, la cual no se limita a formas de inserción de los inmigrantes o a medidas compensatorias especiales. Se trata pues de una concepción dinámica de la cultura promoviendo el conocimiento y el diálogo mutuo y permitiendo, de esta manera, la recíproca transformación, haciendo posible la convivencia y afrontando de una forma más serena los posibles conflictos. En conclusión, "se trata de construir una nueva actitud intercultural orientada a una integración de las culturas en recíproca aceptación"[23].

---

[23] IDEM, *ib.*, 28.

3. ALGUNOS FUNDAMENTOS DE LA INTERCULTURA

1. Fundamentos antropológicos

En primer lugar, conviene partir del hecho de que la dimensión intercultural es posible gracias a su fundamentación antropológica. De la misma manera que la cultura está centrada en la persona, en el hombre y la mujer concretos, las culturas se reformulan continuamente gracias al encuentro con el otro. En la actualidad, la humanidad interactúa más que antes, y es preciso aprovechar esa dinámica para transformarla en verdadera comunión. La fraternidad es posible, siempre y cuando se respete el sólido fundamento antropológico de la persona humana como ser relacional. En efecto, hombre y mujer son individuos concretos, pero, a su vez, son más que creaturas individuales y autosuficientes, ya que están orientados hacia lo que es distinto de ellos. El ser humano es "un ser en relación, y que se comprende en relación con el otro"[24].

Desde la Antigüedad, el concepto de amor ha acompañado a la humanidad. Así, en la antigua Grecia se usaban términos como *eros*, *philia* o *ágape* para designar diferentes significados de este término. El amor es un anhelo inscrito en la naturaleza del ser humano, está en su ley natural y no acogerlo conlleva comportamientos destructivos[25].

2. Fundamentos teológicos

Dado que el ser humano es un interrogante para sí mismo, las respuestas, a menudo, no satisfacen la cuestión existen-

---

[24] IDEM, *ib.*, 39.
[25] *Cf.* IDEM, *ib.*, 41.

cial de quién es; la antropología cristiana pone su fundamento en el hecho de que hombre y mujer son creados a imagen y semejanza de Dios. Desde la antropología bíblica, el ser humano no es concebido como un ser aislado, sino como un ser relacional. La fundamentación la encontramos en la Revelación, que nos enseña que Dios es Trinidad de personas en comunión.

En consecuencia, a la dimensión corpóreo-espiritual del hombre y la mujer subyacen, a su vez, dos dimensiones que nos facilitan la comunión del ser humano con dos realidades, a saber:

- Por un lado, se encuentra la dimensión vertical de la comunión del ser humano con Dios. Esta dimensión nos conduce a descubrir que "el misterio del hombre solo se esclarece en el misterio del Verbo encarnado. [...] Cristo [...] manifiesta plenamente el hombre al propio hombre y le descubre la sublimidad de su vocación" (*GS* 22). Esta oferta soteriológica-existencial es la respuesta/promesa de Dios que nos llega a través de Jesucristo y que se abre a toda la humanidad. Juan Pablo II afirma al respecto: "Desde lugares y tradiciones diferentes todos están llamados en Cristo a participar en la unidad de la familia de los hijos de Dios" (*FR* 70).

- Por otro lado, surge la dimensión horizontal de la comunión del hombre y la mujer y que se efectúa en las relaciones interpersonales. Gracias a las relaciones con Dios y con los demás, el hombre y la mujer se valorizan a sí mismos. En consecuencia, las relaciones entre los diversos pueblos y culturas dignifican a quien se pone en relación. La unidad de la humanidad no debe ser comprendida desde la anulación de las personas, pueblos o culturas, sino que la transparencia de unos con otros hace legítima su diversidad[26].

La fundamentación teológica de la dimensión intercultural de la humanidad alcanza su más alta comprensión en el misterio trinitario. En la Trinidad, que es absoluta unidad, la reciprocidad entre las tres Personas divinas es total, ya que constituyen una unidad y unicidad indivisible[27]. En consecuencia, es Dios mismo quien nos quiere asociar a esa realidad de comunión: "Para que sean uno, como nosotros somos uno" (Jn 17,22).

3. Fundamentación pedagógica

Una vez presentadas la fundamentación antropológica y teológica, ahora se trata de exponer una fundamentación pedagógica que afiance la enseñanza intercultural como nuevo paradigma pedagógico. Esta forma no se basa en una primacía de la cultura sobre el ser humano. Se trataría, por tanto, de asumir la relacionalidad como guía pedagógica. Esta concepción trataría de poner a la persona en el centro, respetando las diferencias y tratando de alimentar la cultura del diálogo en vistas al bien común[28].

Se trata de reavivar la necesaria reflexión sobre la búsqueda de un eje transversal sobre la idea de la educación, concretamente una educación para la interculturalidad.

Una vez desarrolladas las tres fundamentaciones de la intercultura, y a modo de síntesis, mostramos la enseñan-

---

[26] Cf. Congregación para la Educación Católica, *Educar al diálogo intercultural en la escuela católica* (28 de octubre de 2013), 36-37.

[27] Cf. Idem, *ib.*, 37.

[28] Cf. Idem, *ib.*, 43.

za de la Iglesia al respecto. En primer lugar, la dimensión intercultural es parte del patrimonio cristiano, ya que este tiene vocación universal. La historia del cristianismo no es otra cosa que un constante diálogo con el mundo en busca de una auténtica fraternidad entre las personas. Tan importante es en la historia de la Iglesia la reflexión sobre la importancia de la cultura en el ser del hombre que se ha visto reflejado en innumerables documentos eclesiales, sobre todo, en el Concilio Vaticano II y en el magisterio subsiguiente[29].

En segundo lugar, en el Concilio Vaticano II leemos que: "La persona humana, únicamente por la cultura, es decir, por el cultivo de los valores y de los bienes naturales, puede alcanzar su verdadera y plena humanidad" (*GS* 53). En efecto, toda cultura conlleva una reflexión acerca del misterio del ser humano y del mundo según sus propios criterios e historia, siendo un modo de expresar la dimensión trascendental del hombre y de la mujer. Ambos, a través de la cultura, se distinguen del resto de la creación, asumiendo un modo específico de existir y de ser en medio de la creación. Por tanto, el ser humano vive según la cultura que le es propia. De esta manera, la cultura humana presenta un aspecto dinámico, social e histórico[30].

Por último, vemos cómo la interculturalidad nace de su apertura, siendo el diálogo entre las culturas, el fundamento de ese potencial universal propio de ellas[31]. En efecto, es propio de la naturaleza del ser humano encontrar esos valores comunes a todas las culturas, ya que estas están arrai-

---

[29] *Cf.* IDEM, *ib.*, 29.

[30] *Cf.* IDEM, *ib.*, 30.

[31] *Cf.* COMISIÓN TEOLÓGICA INTERNACIONAL, *La fe y la inculturación* (1987), 7.

gadas en la ley natural. En este sentido, es necesario cultivar en las conciencias de las personas estos valores en positivo; valores universales tales como la justicia, la paz, la dignidad del ser humano, la apertura a la trascendencia y la libertad de conciencia y religión[32].

4. LA ESCUELA CATÓLICA Y SU CONTRIBUCIÓN A LA LUZ DEL DIÁLOGO INTERCULTURAL

En el documento que nos ocupa se nos habla de la *pedagogía de comunión* como una guía educativa que mueve a los educadores a ser testigos creíbles ante los jóvenes y que los lleva a reflexionar sobre el vínculo entre *amor de la educación* y *educación al amor*, donde las miradas de educador y educando estén orientadas al bien a través del diálogo[33].

Fue Juan Pablo II quien hablaba de la *espiritualidad de comunión* (*cf. NMI* 43) como el reto más importante que debía ser promovido en la Iglesia, la familia, la escuela, la cultura y en la vida cotidiana. En este sentido, la Congregación para la Educación Católica avanza en esta línea y afirma que "el espíritu de unidad entre personas y grupos, que tiene la prioridad respecto a cualquier otra iniciativa concreta, es el horizonte donde todo valor halla fundamento"[34]. La escuela tiene una gran responsabilidad en relación con la educación intercultural. Ya que, encontrándose alumnos de diferentes nacionalidades y confesiones religiosas en continua relación con personas de diversas culturas, la escuela debe

---

[32] *Cf.* CONGREGACIÓN PARA LA EDUCACIÓN CATÓLICA, *Educar al diálogo intercultural en la escuela católica* (28 de octubre de 2013), 33.

[33] *Cf.* IDEM, *ib.*, 47.

[34] IDEM, *ib.*, 48.

conceder el respaldo necesario a cada persona para que pueda desarrollar su identidad y cultura propias. Se trataría, por tanto, de que la educación católica aporte una sana y equilibrada relación entre identidad y alteridad[35].

Por tanto, es necesario que, en este contexto tan diverso (ateísmo, fundamentalismo, relativismo, laicismo), se redoble el esfuerzo ante las nuevas generaciones, para que no se vean privadas de una fe y de una cultura que son la base fundante de la humanidad. Nos situamos en la frontera, nuestro *campo de actuación* se sitúa en las periferias, en la Iglesia *en salida* donde ir contracorriente ha de ser más que nunca una preferencia evangélica[36].

En efecto, la escuela católica, por su misma esencia, está vocacionada al testimonio mediante un proyecto claramente evangélico. Más aún, como escuela católica, tiene la obligación de ofrecer a los alumnos católicos, no solo valores humanos, sino un "sólido conocimiento de la religión, la posibilidad de crecer en la adhesión personal a Cristo en la Iglesia"[37]. La contribución que tanto el catolicismo como la escuela católica pueden hacer al diálogo intercultural es la referencia a la centralidad de la persona humana. Y esta centralidad está basada en Jesucristo como fundamento de la concepción pedagógica y antropológica. En definitiva, la escuela católica estará siendo fiel a su esencia en la medida en que pueda darse ella misma aquello que ella es[38].

En un plano más didáctico, y sin salirnos de nuestra preocupación intercultural, la escuela católica debe articular las dos esferas del aprendizaje: por un lado, se encuentra la

---

[35] *Cf.* IDEM, *ib.*, 50.
[36] *Cf.* IDEM, *ib.*, 53-54.
[37] IDEM, *ib.*, 56.
[38] *Cf.* IDEM, *ib.*, 57.

dimensión cognitiva donde se trabajan contenidos del currículo, conocimientos a transmitir y competencias a promover; por otro lado, el trabajo en la dimensión relacional-afectiva va a permitir enseñar en el respeto, la empatía y el diálogo[39]. Es por ello por lo que es preciso trabajar en "un proyecto curricular abierto a la perspectiva intercultural"[40].

Por último, conviene destacar la importancia que la enseñanza religiosa escolar católica tiene en el currículo académico. Por un lado, la enseñanza religiosa transmite al alumnado aquellos conocimientos propios de la vida cristiana. Es un derecho a la educación basada en la antropología del hombre y de la mujer que están abiertos a la trascendencia. Este derecho lo recoge el mismo Concilio Vaticano II en los siguientes términos:

> [A las familias] corresponde el derecho de determinar la forma de educación religiosa que se ha de dar a sus hijos, según sus propias convicciones religiosas. [...] Se violan, además, los derechos de los padres si se obliga a los hijos a asistir a lecciones escolares que no corresponden a la persuasión religiosa de los padres, o si se impone un único sistema de educación del que se excluye totalmente la formación religiosa (*DH* 5).

En segundo lugar, hay que advertir que la religión sirve como vehículo a través del cual se pasa el testimonio de un humanismo integral. Humanismo que se alimenta de la propia identidad, de sus tradiciones, de la fe, de la familia, de la comunidad y del respeto de la vida humana[41].

---

[39] IDEM, *ib.*, 69.

[40] IDEM, *ib.*, 68.

[41] *Cf.* IDEM, *ib.*, 72.

Por último, la enseñanza religiosa contribuye a conjugar la teología, la filosofía y las ciencias, creando en el alumnado un espacio racional que le abra a las grandes cuestiones sobre la verdad, el bien y la belleza, aportando conocimiento en la sabiduría de la vida. Se establece, de esta manera, un diálogo consigo mismo, con Dios y con el otro que hace que la enseñanza de la religión católica sea un verdadero laboratorio de cultura y de humanidad, capacitando al alumnado a descubrir el bien y crecer en responsabilidad[42].

---

[42] Cf. BENEDICTO XVI, *Discurso a un grupo de profesores de Religión en escuelas italianas* (25 de abril de 2009).

4

CONGREGACIÓN PARA LA EDUCACIÓN CATÓLICA: *EDUCAR HOY Y MAÑANA. UNA PASIÓN QUE SE RENUEVA. INSTRUMENTUM LABORIS*

Este documento ha sido realizado por la Congregación para la Educación Católica y fue publicado el 7 de abril de 2014. El motivo que generó su elaboración responde a la invitación del papa Benedicto XVI para la preparación de los aniversarios del cincuenta de la declaración *Gravissimum educationis* y del veinticinco de la constitución apostólica *Ex corde Ecclesiae*, los cuales se conmemoraron en el 2015. Fruto de los encuentros mantenidos para preparar ambos aniversarios fue el presente *instrumentum laboris* donde se trazan los desafíos a los que se enfrentan las instituciones educativas católicas y que pretende ser un documento-guía para acompañar las iniciativas de estudio y los acontecimientos eclesiales, así como potenciar la creación de nuevos proyectos y de procesos educativos.

1. PUNTOS DE REFERENCIA ESENCIALES

Existen dos documentos esenciales para la Congregación para la Educación Católica, que son: la declaración *Gravissimum educationis*, documento sobre la educación del Concilio Vaticano II, y la constitución apostólica *Ex corde Ecclesiae*, de

Juan Pablo II, sobre la identidad y la misión de la universidad católica. Si bien se han desarrollado en apartados anteriores ambos documentos, vamos a reseñar brevemente, en el marco del presente *instrumentum laboris*, lo más relevante.

En cuanto a la declaración *Gravissimum educationis*, hay que tener en cuenta que su objetivo era llamar la atención sobre la importancia de la educación y se ofrecían algunas orientaciones que debían ser contextualizadas dentro de las enseñanzas conciliares. Destaca la relación que esta declaración mantiene con las dos constituciones mayores: *Lumen gentium* y *Gaudium et spes*. Concluyendo, que una visión coordinada de los tres documentos (*Gravissimum educationis, Lumen gentium* y *Gaudium et spes*) resulta de enorme trascendencia y valor, puesto que iluminan las dos dimensiones de la educación: dimensión secular y dimensión teológico-espiritual[43].

Por su parte, en la constitución apostólica *Ex corde Ecclesiae*, Juan Pablo II nos invita a tomar conciencia sobre la importancia de la universidad católica y lo relevante de su papel en el diálogo entre la Iglesia y las personas de cualquier cultura. Asimismo, es un instrumento válido para acceder a la verdad de Dios, del hombre y de la naturaleza. Juan Pablo II invitó a ser conscientes de las implicaciones éticas y morales de las investigaciones llevadas a cabo en el ámbito universitario. De igual modo, puso especial relevancia en favorecer el diálogo entre las diversas disciplinas, así como entre los distintos saberes y la teología; ya que la confrontación entre los distintos saberes con los problemas de la vida alcanza una mejor comprensión del mundo[44].

---

[43] *Cf.* Congregación para la Educación Católica, *Educar hoy y mañana. Una pasión que se renueva. Instrumentum laboris* (2014), 4.

[44] *Cf.* Idem, *ib.*, 6.

2. Hacia una escuela y universidad católica

A la luz del magisterio de la Iglesia y en base a las necesidades y desafíos de la sociedad contemporánea se plantea la cuestión de cómo debería ser la escuela y universidad católica. En primer lugar, el documento de la Congregación para la Educación Católica afirma que "la raíz de la propuesta formativa es el patrimonio espiritual cristiano, en constante diálogo con el patrimonio cultural y las conquistas de la ciencia"[45]. En base a ello, se establecen unos criterios como guía donde el aprendizaje se nutra de integración de vida, pensamiento e investigación. Los criterios propuestos son los siguientes.

1. Construir un contexto educativo

Más allá del contexto multicultural, hay elementos de calidad que tanto la escuela como la universidad católica deben saber expresar: respeto a la dignidad de la persona humana y su unicidad; ofrecer oportunidades a los jóvenes para desarrollar sus capacidades; equilibrada atención para un desarrollo integral de la persona; estimular a cada alumno para desarrollar sus talentos; promocionar la investigación con un compromiso riguroso con la verdad y apertura mental y de corazón; respeto, espíritu de colaboración y de libertad.

2. Introducir a la investigación

Una de las principales responsabilidades de escuelas y universidades es acercar a los jóvenes al conocimiento, pero

---

[45] Idem, *ib.*, 6-7.

dicho compromiso por la investigación no debe separarse del sentido ético y de lo trascendente. En este sentido el documento señala:

No hay verdadera ciencia que pueda descuidar sus consecuencias éticas y no hay verdadera ciencia que aleje de la trascendencia. Ciencia y eticidad, ciencia y trascendencia no es excluyen recíprocamente, pero se conjugan para una mayor y mejor comprensión del hombre y de la realidad del mundo[46].

3. La enseñanza como instrumento de educación

Hoy día se valora más el "modo" de aprender que el "qué" se aprende. La enseñanza debe promover una educación basada en la investigación y solución de problemas que van a incentivar la curiosidad y la participación del alumnado, más que una educación basada en un aprender repetitivo. Se busca una educación trascendente y no utilitarista. El documento afirma, en este sentido, lo siguiente:

La enseñanza y el aprendizaje representan los dos términos de una relación que no es solo entre un objeto de estudio y una mente que aprende, sino entre personas. [...] El aprendizaje que se realiza en un contexto donde los sujetos perciben un sentido de pertenencia es muy diferente de un aprendizaje realizado en un entorno de individualismo, de antagonismo o de frialdad recíproca[47].

---

[46] Idem, *ib.*, 7.
[47] Idem, *ib.*, 8.

54

4. La centralidad y diversidad de la persona que aprende

La escuela y la universidad ofrecen a los estudiantes aquella formación que los capacita para la vida social y el mundo laboral. Sin embargo, la educación va más allá y debe ofrecer oportunidades de autoconocimiento, de apertura a los demás y del propio perfeccionamiento. Con el objetivo de abrir la mente y el corazón del educando al misterio y a la maravilla del mundo, de la conciencia y del Creador. En consecuencia, los jóvenes aprenden el valor de la vida que tiene sentido como servicio a la comunidad. Es por ello por lo que escuela y vida están intrínsecamente vinculadas y aquella debe orientar su enseñanza a una responsabilidad y ciudadanía activa. Ciertamente, conseguir este espíritu de *inclusión* no resulta fácil, habida cuenta de la diversidad cultural, religiosa, social y psicológica que se dan en las aulas. Por ello, se trata de convertir esta pluralidad en riqueza y don, sacándolas a la luz y no negándolas. Los docentes, por su parte, deben priorizar al más frágil y al más pobre[48].

3. DESAFÍOS EDUCATIVOS DE LA ESCUELA CATÓLICA

"El corazón de la educación católica es siempre la persona de Jesucristo"[49]. Así comienza el apartado del presente documento de la Congregación para la Educación Católica para afrontar los desafíos educativos de hoy y del futuro.

---

[48] *Cf.* IDEM, *ib.*, 8-9.
[49] *Cf.* IDEM, *ib.*, 10.

Sin duda es la máxima que orienta a la escuela y universidad católicas en su labor educativa: el encuentro con Cristo vivo. En un contexto multirreligioso, el desafío consiste en ofrecer a los jóvenes la belleza de la fe en Cristo. Para ello, la Congregación para la Educación Católica considera necesario reformular la antropología en el contexto de la educación del siglo xxi.

Se trata de ofrecer una antropología filosófica que hunda sus raíces en la búsqueda de la verdad, es decir, una antropología social, de la memoria y la promesa, del cosmos y del desarrollo sostenible y una antropología trascendente. Así, en continua reflexión sobre el hombre moderno y el mundo actual debemos reformular la visión sobre la educación. Debemos responder a una cuestión fundamental: ¿cuál será la contribución de la Iglesia a la educación presente y futura? Para su respuesta, la Congregación para la Educación Católica establece una serie de desafíos que exponemos a continuación.

1. Desafío de la identidad

Uno de los desafíos, y con mayor urgencia, es el de redefinir la identidad de la escuela católica del siglo xxi. El educador para este siglo debe tener un gran objetivo: ofrecer a los jóvenes una educación integral acompañándolos para que descubran desde su libertad personal. Para ello, es necesario que las escuelas católicas desarrollen equipos y personas formadas en la pedagogía cristiana: inspirados en el Evangelio. Y para aquellos alumnos que no sean cristianos, la comunidad docente está llamada a hacer una propuesta amable de la fe, al estilo de Jesús con los discípulos de Emaús: una experiencia de vida compartida y una disponibilidad incondicional.

2. Desafío de la comunidad educativa

Frente al individualismo imperante en nuestra sociedad, la escuela católica se erige como una comunidad educativa que, animada por el Espíritu Santo, crea una clima familiar y acogedor. Esta forma de ser en el mundo se propone como antídoto y solución ante el desaliento que puedan producir las continuas adversidades y desafíos del ámbito educativo. Así, los educadores son fuerza y levadura de la comunidad que se construye. Por último, conviene advertir que esta comunidad debe contar con las familias, otro desafío para la escuela católica, ya que gran parte de ellas están en crisis y necesitan ayuda en diversos ámbitos. Nos encontramos entonces ante una misión compartida[50].

3. Desafío del diálogo

El diálogo debe convertirse en el alma de la regeneración educativa. Gracias al diálogo, la comunidad educativa aprende a mejorarse, entre los docentes entre sí, entre estos y los educandos y entre los mismos alumnos. Por la responsabilidad que tienen los docentes, estos deben orientar a los alumnos en los grandes valores del ser humano: verdad, bondad y belleza. Esta perspectiva de la escuela católica en diálogo con los jóvenes va a contribuir a que ellos tengan una comprensión abierta, pacífica y fascinante ante Dios y el prójimo. Por último, la *gramática del diálogo* no representa obligatoriamente una renuncia de autoridad por parte del docente; hay que saber distinguir

---

[50] *Cf.* Congregación para la Educación Católica, *Educar hoy y mañana. Una pasión que se renueva. Instrumentum laboris* (2014), 12-13.

entre la autoridad vinculada a un rol y la autoridad que sobreviene por la credibilidad de un buen testimonio y acompañamiento[51].

4. Desafío de la sociedad del aprendizaje

Dada la evolución de la sociedad actual de una manera tan acelerada y, en cierta forma, descontrolada, el aprendizaje también es, actualmente, parte del desafío educativo. En épocas pasadas el aprendizaje se realizaba solo en la escuela; sin embargo, esto ha cambiado y la escuela ha perdido la supremacía educativa. La *economía del saber* se abre ante nuevas realidades que son aceptadas por los jóvenes como fuente de información y formación, *a priori* válidas. Conviene, por tanto, ofrecer a los jóvenes herramientas adecuadas para formar en ellos un juicio crítico con el fin de no dejarse dominar por los nuevos instrumentos de comunicación[52].

5. Desafío de la educación integral

En la actualidad, aparece una educación marcadamente funcional que responde a una lógica tecnocrática y económica que se sitúa en el marco de la economía de mercado y del trabajo. Sin embargo, la propuesta de una educación integral por parte de la escuela católica aborda la educación asumiendo que la persona debe ser respetada en su integridad, desarrollando actitudes y valores como la creatividad, empatía, compasión y la capacidad de amar el mundo y cultivar la justicia. Si bien es cierto que en la educación ca-

---

[51] *Cf.* IDEM, *ib.*, 13.
[52] *Cf.* IDEM, *ib.*, 13-14.

tólica se busca la calidad y la excelencia, no podemos obviar que los alumnos tienen necesidades concretas y cuyas vidas, en muchas ocasiones, son difíciles y merecen una atención personalizada. Por tanto, se debe promover, en el nuevo paradigma educativo, la adquisición por parte de los jóvenes de aquellas competencias que integren una visión humanista de la vida y del prójimo. La escuela católica tiene la responsabilidad de ofrecer ámbitos del saber, así como ámbitos donde se crezca en humanidad[53].

---

[53] *Cf.* IDEM, *ib.*, 14.

5

CONGREGACIÓN PARA LA EDUCACIÓN CATÓLICA: *EDUCAR AL HUMANISMO SOLIDARIO*

El presente documento de la Congregación para la Educación Católica y titulado *Educar al humanismo solidario. Para construir una civilización del amor cincuenta años después de Populorum progressio* propone líneas fundamentales para una educación al humanismo solidario. Este documento fue publicado el 16 de abril de 2017.

Con la carta encíclica *Populorum progressio*, Pablo VI anuncia a todas las personas de buena voluntad del mundo la necesidad de promover la cuestión social para suscitar el desarrollo de los pueblos. En esencia, se trata de ofrecer un nuevo modelo ético-social y los presupuestos de esta nueva visión se encuentran en el Concilio Vaticano II (*cf. GS* 4-5).

1. ESCENARIO ACTUAL

El escenario que nos presenta el mundo contemporáneo es una realidad que está en constante transformación y atraviesa diversas crisis: económica, política, medioambiental, migratoria, etc. A su vez, la paz está amenazada por numerosas guerras, conflictos y terrorismo que "son a veces la causa, a veces el efecto, de las inequidades económicas y de la injusta distribución de los bienes de la creación"[54]. Esto evidencia un humanismo decadente y auspicia un posible cambio de época. Resulta paradójico, declara el documento, que por un lado el individuo contemporáneo haya adquirido un potente nivel técnico y científico y, por otro lado, carezca de la necesaria programación para una existencia pacífica y digna[55]. Benedicto XVI responde a esta realidad situando el foco en la educación; para él, la cuestión social es ahora una cuestión antropológica (*cf. CV* 75) y es, la función educativa, la responsable de un nuevo amanecer para la humanidad. En este sentido escribe:

[Es necesario] un nuevo impulso del pensamiento para comprender mejor lo que implica ser una familia; la interacción entre los pueblos del planeta nos urge a dar ese impulso, para que la integración se desarrolle bajo el signo de la solidaridad en vez del de la marginación (*CV* 53).

2. Humanizar la educación

Como señala *Populorum progressio*, la Iglesia es "experta en humanidad" (*PP* 13). En efecto, la Iglesia, por su vocación y misión en el mundo, tiene la experiencia necesaria para mostrar itinerarios educativos adecuados a los desafíos actuales. Su misión educativa está al servicio de la humanidad, y esto lo ha concretado sabiamente la declaración conciliar *Gravissimum educationis*, en la que se advierte que la educación debe estar al servicio del nuevo humanismo;

---

[54] Congregación para la Educación Católica, *Educar al humanismo solidario* (16 de abril de 2017), 3.

[55] *Cf.* Idem, *ib.*, 6.

proceso en el cual el diálogo es una labor imprescindible para la realización del bien común (*cf. GE* 3). En la actualidad, las indicaciones aprobadas en la declaración conciliar están aún vigentes y dado que el escenario actual, lejos de mejorar la calidad de existencia humana, manifiesta una mayor decadencia, el papa Francisco considera que es urgente "humanizar la educación"[56]; esto significa situar a la persona humana en el centro de la educación. También consiste en actualizar el pacto educativo intergeneracional, pues "la buena educación de la familia es la columna vertebral del humanismo"[57].

En definitiva, la educación humanizadora no se limita a desarrollar un servicio formativo/burocrático, tampoco se trata de establecer una relación fría donde el docente enseña y el alumno aprende, sino que se trata de impulsar a todos a interactuar generando actitudes personales, morales y sociales en relación con un humanismo solidario. Con esta visión educativa se está promoviendo una educación integral y abierta, promoviendo la diversidad y "extendiendo el perímetro de la propia aula"[58]. En síntesis, se trataría de educar la humanidad, humanizando la educación.

3. Cultura del diálogo

En la sociedad actual donde conviven ciudadanos de culturas, religiones y visiones distintas del mundo, la aparición

---

[56] Francisco, *Discurso a los participantes a la Asamblea Plenaria de la Congregación para la Educación Católica* (9 de febrero de 2017).

[57] Francisco, *Audiencia general* (20 de mayo de 2025).

[58] Congregación para la Educación Católica, *Educar al humanismo solidario* (16 de abril de 2017), 10.

de conflictos es una realidad cotidiana. Se abre entonces un desafío a esta convivencia multicultural. Es, en tales circunstancias, donde las religiones deben hacerse presente para conducir a la humanidad hacia la *aldea global*. En este sentido, la Iglesia católica es consciente de dos aspectos importantes: en primer lugar, su deber de anunciar a Cristo como amor de Dios y fuente de toda gracia; y, en segundo lugar, no rechazar cuanto de bueno y verdadero se encuentra en las demás religiones (*NA* 2, 4).

La Iglesia está convencida de que las dificultades que se presentan en la convivencia multicultural son como consecuencia de la falta de una educación al *humanismo solidario* y una falta de la *cultura del diálogo* [59]. En efecto, la cultura del diálogo debe interpretarse como un auténtico diálogo que se lleva a cabo en libertad y en igualdad. Ambos objetivos se sitúan dentro de un marco ético que posibilita a los participantes un diálogo en equidad y respeto. Se trata, en palabras del papa Francisco, de una *gramática del diálogo* cuyo objetivo es "construir puentes [...] y encontrar respuestas a los desafíos de nuestro tiempo" [60].

Dado el pluralismo religioso y ético, las religiones deben situarse al servicio de la convivencia ofreciendo sus valores (amor, esperanza y salvación) y alcanzar los objetivos sociales de justicia y paz. En este sentido, la Congregación para la Educación Católica afirma que:

En lugar de reducir la religiosidad a la esfera individual, privada y reservada, y obligar a los ciudadanos a vivir en el espacio público únicamente las normas éticas y jurídicas del

---

[59] *Cf.* Congregación para la Educación Católica, *Educar al humanismo solidario* (16 de abril de 2017), 11.

[60] Francisco, *Discurso a los participantes a la Asamblea Plenaria de la Congregación para la Educación Católica* (9 de febrero de 2017).

Estado, [...] invita a las creencias religiosas a profesar en público sus valores éticos positivos[61].

La educación al humanismo solidario tiene la responsabilidad de formar a los ciudadanos en la *cultura del diálogo*. Esta formación debe efectuarse en todos los niveles educativos entrando de modo positivo en los programas didácticos de las instituciones. La finalidad de esta *educación al humanismo* es edificar un mundo mejor y, para ello, en primer lugar, hay que sentar las bases para el diálogo (en las condiciones anteriormente descritas), buscando un concepto de ser humano más allá de cualquier forma de etnocentrismo y egocentrismo, en comunión con una concepción trascendente del ser humano y de un desarrollo integral[62].

4. Globalizar la esperanza

En la encíclica *Populorum progressio* encontramos la siguiente afirmación: "El desarrollo es el nuevo nombre de la paz" (*PP* 87). Desarrollo es un concepto que ha sido interpretado, usualmente, como avance tecnológico y científico; sin embargo, "no es la ciencia la que redime al hombre. El hombre es redimido por el amor" (*SS* 26). Esta afirmación de Benedicto XVI nos pone en sintonía con la gramática social que propone la caridad cristiana y que tiene su fundamento en el mensaje de esperanza que nos trae Jesucristo[63].

---

[61] Congregación para la Educación Católica, *Educar al humanismo solidario* (16 de abril de 2017), 13.

[62] *Cf.* Idem, *ib.*, 14-15.

[63] *Cf.* Idem, *ib.*, 17.

Por tanto, *globalizar la esperanza* es la finalidad concreta de la educación al humanismo solidario. Una labor que se lleva a cabo a través de la educación, la solidaridad, y donde el bien común está relacionado con el bien de cada uno. Sin embargo, la globalización puede también causar desigualdades. Es por ello por lo que una globalización sin esperanza y sin un anuncio claro y concreto está destinada a generar sufrimiento y miseria[64].

5. HACIA UNA VERDADERA INCLUSIÓN

Para poder llevar a cabo aquellos proyectos formativos de la educación al humanismo solidario, se deben tener presentes dos aspectos fundamentales. En primer lugar, el objetivo principal es que cada ciudadano se sienta parte activa en la construcción de este nuevo humanismo. Es un proyecto ambicioso, ya que este proceso incluye a las generaciones venideras. En efecto, la humanidad debe ser solidaria también con los futuros ciudadanos del planeta. Y aquí entra, en segundo lugar, la tarea específica, que reside en realizar una educación al humanismo solidario que contribuya a construir una cultura basada en la ética intergeneracional[65].

6. REDES DE COOPERACIÓN

Para lograr una educación al humanismo solidario es necesario promover iniciativas educativas inclusivas y cuyos resultados converjan a una misma finalidad. Para ello, las

---

[64] *Cf.* IDEM, *ib.*, 18-19.
[65] *Cf.* IDEM, *ib.*, 20-21.

universidades juegan un papel importante en la cooperación de la investigación científica. Se trata, por tanto, de favorecer la creación de grupos de investigación entre las instituciones académicas en un marco internacional[66].

7. Prospectivas

Finaliza el documento exhortando a que los temas tratados (cultura del diálogo, globalización de la esperanza, inclusión y redes de cooperación) sean parte de la experiencia formativa. Además, se hace necesario que se favorezca la comunicación de las experiencias y los resultados de las investigaciones con objeto de cada persona comprometida en la educación al humanismo solidario comprenda el alcance en el proceso global de construir una humanidad basada en valores cristianos[67].

---

[66] Cf. Idem, *ib.*, 24-26.
[67] Cf. Idem, *ib.*, 31.

6

LEÓN XIV: CARTA APOSTÓLICA *DISEÑAR NUEVOS MAPAS DE ESPERANZA.* CON OCASIÓN DEL SESENTA ANIVERSARIO DE *GRAVISSIMUM EDUCATIONIS*

El papa León XIV publicó el 27 de octubre de 2025 la carta apostólica titulada *Diseñar nuevos mapas de esperanza* con ocasión del sesenta aniversario de *Gravissimum educationis* y coincidiendo con el quinto aniversario del lanzamiento del PEG.

En este documento, León XIV pone de relieve, una vez más, la importancia de la educación en la vida de ser humano y cómo el legado del Evangelio muestra actualidad y solidez ante las nuevas realidades cambiantes e inseguras en las que desarrollan entornos educativos complejos y fragmentados. Como si se tratase de un mapa, Prevost va marcando aquellos hitos que nos ayudan en el camino para rediseñar y actualizar el mapa educativo actual.

En primer lugar, León XIV considera que el Concilio Vaticano II, con su declaración sobre la educación, recuerda a la Iglesia que la educación "es la forma concreta con la que el Evangelio se convierte en gesto educativo, relación, cultura"[68]. Señala que *Gravissimum educationis* es una brújula donde se nos recuerda el derecho universal a la educación

---

[68] LEÓN XIV, *Diseñar nuevos mapas de esperanza* (27 de octubre de 2025), 1.1.

y que la familia es la primera escuela de humanidad. Asimismo, advierte de que la formación cristiana debe basarse en una antropología integral, situando a la persona en el centro. Esto significa: educar en la mirada para hacerlos capaces (a los jóvenes) de descubrir el sentido de la vida y la responsabilidad hacia los demás[69].

En segundo lugar, nos invita a contemplar la creación afirmando que la "antropología cristiana es la base un estilo educativo que promueve el respeto, el acompañamiento personalizado, el discernimiento y el desarrollo de todas las dimensiones humanas"[70]. Esta mirada contemplativa nos permite descubrir a Dios en todo lo que vemos y, al igual que la creación demuestra que en cada criatura existe un destello del modelo divino, en la educación se debe reflejar la variedad de proyectos educativos; todos convergiendo en sabiduría y creatividad.

En tercer lugar, Prevost considera que el PEG es uno de esos hitos del mapa que nos presenta a la vez que lo actualiza. En este sentido, a los siete compromisos de Francisco, León XIV añade los siguientes[71]:

1. Vida interior: ya que los jóvenes necesitan espacios de silencio para el diálogo con ellos mismos y su conciencia y con Dios.
2. Digital humano: se trata de formar en el uso de la inteligencia artificial y las tecnologías, pero situando a la persona humana antes que el algoritmo.

---

[69] IDEM, *ib.*, 5.1.
[70] IDEM, *ib.*, 7.1.
[71] IDEM, *ib.*, 10.3.

3. Paz desarmada y desarmante: llama a educar en un lenguaje que no sea violento y tienda a la reconciliación, tendiendo puentes.

León XIV asume la iniciativa de su predecesor y la completa. Prevost es consciente de que "la educación católica puede ser un faro: no un refugio nostálgico, sino un laboratorio de discernimiento, innovación pedagógica y testimonio profético"[72].

---

[72] IDEM, *ib.*, 11.

CONCLUSIÓN

A lo largo de esta primera parte, hemos podido constatar cómo el magisterio de la Iglesia, desde el Concilio Vaticano II hasta León XIV, ha mantenido un hilo conductor, en el que se presenta una Iglesia *en salida*, cuya propuesta educativa se configura como *kerigmática*. En este marco, las escuelas y universidades católicas están llamadas a servir como medios de conocimiento y de santidad, en un mundo que experimenta la desesperanza y que acusa un cambio de paradigma cultural, social, económico y antropológico. Ante un contexto globalizado, multicultural y multiétnico, surgen nuevos retos que afrontar. La educación católica se convierte en un instrumento profético al servicio del reino de Dios, capaz de transformar personas y estructuras a la luz del Evangelio. El diálogo y la apertura aparecen como dos ventanas por las cuales debemos dejar entrar la luz del Espíritu, pues "la historia de la educación católica es la historia del Espíritu en acción"[73].

---

[73] LEÓN XIV, *Diseñar nuevos mapas de esperanza* (27 de octubre de 2025), 2.1.

2

FUNDAMENTOS DEL PEG

INTRODUCCIÓN

El papa Francisco, en su mensaje de lanzamiento del PEG el 12 de septiembre de 2019, realizó un llamamiento a toda la humanidad para establecer una alianza educativa. Esta iniciativa está en sintonía con el magisterio precedente, asumiendo el sentir del Concilio Vaticano II y siendo fiel al empeño por discernir los signos de los tiempos. Dicho magisterio queda reflejado en numerosos documentos (por ejemplo, su exhortación apostólica *Evangelii gaudium* y su encíclica *Laudato si'*), ambos documentos inspirados en orientaciones del Concilio Vaticano II y en el posconcilio[74].

Si bien es cierto que el PEG es una realidad que atañe a toda la humanidad, sean o no creyentes y sean o no católicos, Francisco, en la exhortación apostólica *Evangelii gaudium* exhortó a todo el pueblo de Dios a que "quien quiera vivir con dignidad y plenitud no tiene otro camino más que reconocer al otro y buscar su bien" (*EG* 9). En efecto, el Pontífice pone de manifiesto que para lograr una renovada humanidad debemos pasar del indiferentismo y egocentrismo a una fraternidad altruista que busque, sobre todo, el bien común. Al igual que los patriarcas fueron llamados por Dios y, dejándolo todo, asumieron su responsabilidad, hoy día, el mismo Dios sigue llamando ante desafíos siempre nuevos; y todos somos llamados a esta nueva *salida misionera* (*cf. EG* 20). Misión compartida o *comunión misionera* (*cf. ChL* 32) que fiel

---

[74] *Cf.* CONGREGACIÓN PARA LA EDUCACIÓN CATÓLICA, *Pacto educativo global. Vademecum* (2021), 26.

al Maestro se configura como un anuncio de la buena noticia "a todos, en todos los lugares, en todas las ocasiones, sin demoras, sin asco y sin miedo. La alegría del Evangelio es para todo el pueblo, no puede excluir a nadie" (*EG* 23).

La Iglesia es la comunidad que, a ejemplo del Maestro, debe primerear en el amor (*cf.* 1 Jn 4,10), debe salir al encuentro con decisión y sin prejuicios; saliendo a los caminos y manifestando la caridad de Dios con las personas. Con la confianza puesta siempre en el Señor, pues "el que ha inaugurado entre vosotros esta buena obra la llevará adelante" (Fil 1,6). Y es en la confianza de sabernos guiados por el Espíritu por lo que Francisco nos invita a sentir el desafío de descubrir y peregrinar todos juntos participando de una auténtica fraternidad, saliendo de nuestro inmanentismo y abriéndonos a la necesidad del otro, aun cuando pueda parecer un poco caótico.

Si en la exhortación apostólica *Evangelii gaudium* Francisco nos exhortó a tener una actitud misionera, en la encíclica *Laudato si'* nos hace un llamamiento para el cuidado de la casa común. Sin embargo, esta atención a la creación exige un cambio de mentalidad, una *metanoia* que precisa de un camino educativo transformador que debe comenzar por la propia persona. Francisco se hace eco de la crisis cultural y antropológica que invade la humanidad contemporánea, es consciente del cambio de paradigma histórico en el cual estamos inmersos. Ante esta realidad, pone la voz de alarma ante la continua aceleración de cambios en la humanidad unido a la "intensificación de ritmos de vida y de trabajo" y, afirma, que esta aceleración de las acciones humanas impuestas en un mundo vertiginoso choca frontalmente con la "natural lentitud de la evolución biológica" (*LS* 18).

A continuación, desarrollamos diversos capítulos que nos van a permitir obtener una visión panorámica y completa del PEG.

1

¿QUÉ ES EL PEG?

Para responder a esta cuestión nos vamos a basar en dos textos que muestran la esencia del PEG. Dichos textos son: el *Mensaje del para el lanzamiento del Pacto Educativo Global* (12 de septiembre de 2019) y el *Videomensaje sobre el Pacto Educativo Global* (15 de octubre de 2020). Seguidamente los exponemos.

1. MENSAJE PARA EL LANZAMIENTO DEL PACTO EDUCATIVO GLOBAL

En el *Mensaje para el lanzamiento del pacto educativo global*[75], Bergoglio parte de la realidad de un contexto global marcadamente desigual, relativista, individualista y con graves crisis medioambientales. Francisco es consciente de la grave crisis antropológica y cultural a la que asiste la humanidad entera y afirma que, con dolores de parto, el mundo está generando una nueva humanidad; y, actualmente, estamos inmersos en ese cambio de paradigma cultural y social. Ante esta realidad, el Papa propone una alianza educativa que forme personas maduras para reconstruir una humanidad más fraterna. Para ello, plantea

---

[75] *Cf.* FRANCISCO, *Mensaje para el lanzamiento del Pacto Educativo Global* (12 de septiembre de 2019).

una *aldea de la educación* mundial que, sin discriminar, sea capaz de educar en la fraternidad[76]. Una *aldea* que permita una alianza entre familias, docentes, gobernantes, sociedad civil, religiones, etc., logrando, entre todos, diálogo y fraternidad.

En su mensaje, Francisco indica que, para alcanzar estos objetivos generales, se han de dar estos tres pasos importantes:

1. Colocar a la persona en el centro. Se trata de firmar una alianza que anime procesos educativos y que, a largo plazo, busque otros modos de comprender la economía, la política y el progreso, desde una sana y adecuada antropología. En definitiva, se trataría de proponer un itinerario de *ecología integral* con una forma de vida que potencie y dignifique la vida humana.
2. Componer un nuevo humanismo. Para ello, es imprescindible invertir las fuerzas necesarias con originalidad y seriedad, a largo plazo, para llevarlo a cabo.
3. Formar personas con gran disponibilidad. El servicio es esencial en la cultura del encuentro y se deben preparar a todas las personas para que se inclinen hacia quien está necesitado, sin cálculos y con compasión.

El Papa finaliza con una exhortación a toda la humanidad a transformar la historia buscando soluciones e iniciando procesos sin miedo. Y todo ello con la esperanza puesta en que cada uno sea protagonista y responsable de esta alianza que Dios espera y que el ser humano necesita.

---

[76] Cf. FRANCISCO, *Documento sobre la fraternidad humana por la paz mundial y la convivencia común* (3-5 de febrero de 2019).

2. *Videomensaje sobre el Pacto Educativo Global*

Por otro lado, nos encontramos con el *Videomensaje sobre el Pacto Educativo Global*[77], en el que abunda sobre los argumentos dados en su *Mensaje de lanzamiento del Pacto Educativo Global* del 12 de septiembre de 2019. En este caso, Bergoglio parte de la crisis global y exige un renovado modelo cultural que proteja la dignidad de la persona humana. Para ello, apuesta por una labor educativa que transforme la humanidad; pues la educación es la herramienta más potente y es la única capaz de realizar el paso de una lógica estéril a una lógica inclusiva que despierte a la trascendencia y a la solidaridad.

No se trata de un cambio al uso sino de un itinerario educativo capaz de responder a los desafíos y retos que plantea la humanidad para encontrar juntos soluciones eficaces. La educación humaniza el mundo y la historia y, en consecuencia, debemos esforzarnos para que sea permeable a las siguientes generaciones. La educación, afirma Francisco, es el antídoto natural que contrarresta una sociedad individualista y narcisista. Convencido pues de la eficacia y necesidad de un nuevo compromiso educativo, Bergoglio es partidario de que la nueva alianza educativa deba ser una apuesta que involucre a todas las personas en este proceso (familias, escuelas, instituciones religiosas, etc.; a toda la humanidad) incluyendo y escuchando a las nuevas generaciones. Se les ha de ofrecer tanto un itinerario integral como un camino compartido que afronte fraternalmente las tragedias humanas y las crisis medioambientales.

---

[77] Cf. Francisco, *Videomensaje sobre el Pacto Educativo Global* (15 de octubre de 2020).

Francisco anima a implementar este cambio desde la corresponsabilidad personal y social, sin esperar todo de las instituciones políticas. Exhorta a ser *nosotros*, cada uno según su capacidad y responsabilidad, los "buenos samaritanos que carguen sobre sí el dolor de los fracasos" con la loable intención de querer "ser constantes e incansables en la labor de incluir, de integrar, de levantar al caído" (*FT* 77).

En este proceso, Bergoglio da un paso más y concreta la acción educativa en siete compromisos para el PEG, que son:

1. Poner a la persona en el centro.
2. Escuchar a las jóvenes generaciones.
3. Promover a la mujer.
4. Responsabilizar a la familia.
5. Abrirse a la acogida.
6. Renovar la economía y la política.
7. Cuidar la casa común.

En el capítulo siguiente desarrollaremos estos siete compromisos junto con las tres nuevas prioridades que el papa León XIV ha incorporado, actualizando y potenciando el valor singular del PEG.

Conviene añadir que Francisco reclama un punto de referencia en todo este proceso, y se trata de la doctrina social de la Iglesia, inspirada en la Revelación y en el humanismo cristiano, la cual se ofrece como camino sólido que ayuda en este proceso *ad intra* y *ad extra*.

2

EL DECÁLOGO DEL PEG

Francisco, en su *Videomensaje sobre el Pacto Educativo Global*, concretó siete compromisos educativos que implicaban a todos los componentes de la sociedad: familias, escuelas, universidades, religiones, instituciones, gobernantes, etc. Todos juntos como parte indispensable y corresponsables invitados a firmar un compromiso serio por una humanidad más fraterna y un mundo más habitable.

Estos son los siete compromisos.

1. PONER A LA PERSONA EN EL CENTRO

Contra las *estructuras de pecado* y contra la cultura de la muerte y del descarte, se ha de poner en el centro de todo el proceso educativo a la persona humana. Este primer objetivo pone el énfasis en una sólida antropología sana que ofrezca una visión del ser humano integral, sin descartar su dimensión trascedente. Solo desde un humanismo renovado que reconozca la identidad y dignidad de cada persona, que dé valor a todas sus dimensiones y que defienda sus derechos inalienables, se podrá superar el cambio cultural, histórico y antropológico de la sociedad contemporánea[78].

---

[78] *Cf.* CONGREGACIÓN PARA LA EDUCACIÓN CATÓLICA, *Pacto educativo global. Vademecum* (2021), 10.

A este respecto, Francisco, en su exhortación apostólica *Evangelii gaudium*, afirma: "Este relativismo práctico es actuar como si Dios no existiera, decidir como si los pobres no existieran, soñar como si los demás no existieran" (*EG* 80). Y, en su carta encíclica *Laudato si'* podemos leer:

> Un antropocentrismo desviado da lugar a un estilo de vida desviado. [...] Cuando el ser humano se coloca a sí mismo en el centro, termina dando prioridad absoluta a sus conveniencias circunstanciales, y todo lo demás se vuelve relativo. [...] Hay en esto una lógica que permite comprender cómo se alimentan mutuamente diversas actitudes que provocan al mismo tiempo la degradación ambiental y la degradación social (*LS* 122).

2. ESCUCHAR A LAS JÓVENES GENERACIONES

No se podría ejecutar una auténtica alianza educativa sin tener en cuenta los intereses e inquietudes de los niños, adolescentes y jóvenes para construir todos juntos un futuro de paz y una vida digna para todos, especialmente los más desfavorecidos. Este segundo objetivo pone de manifiesto la necesidad de basar el paradigma educativo en la escucha atenta y el diálogo respetuoso con las jóvenes generaciones. Francisco utiliza los términos: escuchar, transmitir y construir juntos. Es, precisamente en ese orden, como Francisco entiende que tiene que llevarse a cabo[79]. En efecto, en primer lugar, hay que escuchar a la persona, sus heridas, pobrezas y necesidades, sacar a la luz sus potencialidades y preparar el terreno bueno,

---

[79] *Cf.* IDEM, *ib.*, 11.

para predisponerlo a la semilla del conocimiento. Seguidamente a la escucha se podrán comunicar los conocimientos. Pero este proceso, que tiene dos partes, debe ajustarse a un estilo de vida que ponga en valor la dignidad personal y la relevancia de la comunidad que crece en fraternidad.

En este sentido, Francisco afirma que: "Los jóvenes nos reclaman un cambio. Ellos se preguntan cómo es posible que se pretenda construir un futuro mejor sin pensar en la crisis del ambiente y en los sufrimientos de los excluidos" (*LS* 13). Y parte de la respuesta a este cambio nos indica el Papa que está en los mismos jóvenes, leemos: "Los jóvenes nos llaman a despertar y acrecentar la esperanza, porque llevan en sí las nuevas tendencias de la humanidad y nos abren al futuro" (*EG* 108). Bergoglio nos anima a superar los desafíos, partiendo de la realidad, pero con alegría y audacia. Siendo conscientes de que parte de la respuesta a los desafíos que tenemos que responder habita en los mismos jóvenes.

3. Promover a la mujer

Se trata de favorecer y facilitar la participación plena de las niñas y las jóvenes en el proceso educativo. Este tercer compromiso tiene como objetivo el reconocimiento de los mismos derechos entre el hombre y la mujer, con una mayor participación de las niñas y las jóvenes en la educación a través de políticas inclusivas[80]. Este aspecto es especialmente tratado por Francisco, quien es consciente de la gran brecha existente en todo el mundo entre el hombre

---

[80] *Cf.* Idem, *ib.*, 12.

y la mujer. En este sentido el Papa escribe en su encíclica *Evangelii gaudium* lo siguiente: "Las reivindicaciones de los legítimos derechos de las mujeres, a partir de la firme convicción de que varón y mujer tienen la misma dignidad" (*EG* 104); y más adelante declara: "Doblemente pobres son las mujeres que sufren situaciones de exclusión, maltrato y violencia, porque frecuentemente se encuentran con menores posibilidades de defender sus derechos" (*EG* 212).

4. Responsabilizar a la familia

La familia es el primer sujeto educador. Este cuarto compromiso pretende poner de manifiesto la importancia de la familia en la tarea educativa de los hijos. Es indispensable recordar que la familia es la célula fundamental de la sociedad y, en consecuencia, debe asumir su misión como agente intergeneracional[81]. La sociedad civil y los gobiernos deberán asumir subsidiariamente aquellas realidades materiales que sean indispensables para que las familias puedan ejercer adecuadamente sus responsabilidades (*GE* 3). Francisco en su exhortación apostólica *Amoris laetitia* afirma al respecto:

> Uno de los desafíos fundamentales frente al que se encuentran las familias de hoy es seguramente el desafío educativo, todavía más arduo y complejo a causa de la realidad cultural actual y de la gran influencia de los medios de comunicación (*AL* 84).

---

[81] *Cf.* Idem, *ib.*, 13.

5. Abrirse a la acogida

Debemos educarnos para poder educar en la acogida, acogiendo a los más necesitados. Este quinto compromiso trata de educar en el valor de la apertura y del encuentro con el otro con la intención de empatizar e integrarlo, superando la cultura del descarte y el egocentrismo. El PEG se propone, como uno de sus objetivos preferentes, la inclusión, adentrándose en las periferias existenciales y sociales para curar las heridas más profundas de la persona y la sociedad[82].

Francisco, sabiendo que en este mundo globalizado la igualdad no se ha generalizado, pone el acento en los desequilibrios sociales, económicos y culturales; y por ello afirma en su exhortación apostólica *Evangelii gaudium*: "Son muchísimos los *no ciudadanos*, los *ciudadanos a medias* o los *sobrantes urbanos*" (*EG* 74). En este sentido, Bergoglio hace una defensa tanto de los derechos de los ciudadanos europeos como de aquellos migrantes que buscan nuevas oportunidades en sus vidas y anhelan ser acogidos con dignidad:

> Inspirándose en su gran patrimonio cultural y religioso, [Europa] tiene los instrumentos necesarios para defender la centralidad de la persona humana y encontrar un justo equilibrio entre el deber moral de tutelar los derechos de sus ciudadanos, por una parte, y, por otra, el de garantizar la asistencia y la acogida de los emigrantes[83].

---

[82] *Cf.* Idem, *ib.*, 14.

[83] Francisco, *Discurso al cuerpo diplomático acreditado ante la Santa Sede* (11 de enero de 2016).

6. Renovar la economía y la política

Ante los actuales sistemas económicos y políticos que pueden llegar a desvirtuar la dignidad de la persona humana, Francisco hace un llamamiento a estudiar nuevas maneras de comprender la economía, la política, el desarrollo y el progreso, donde estos cuatro pilares de la vida personal y social estén al servicio del ser huamno, y no al contrario. Todo en una perspectiva de ecología integral. La finalidad sería un serio y adecuado compromiso por parte de los agentes políticos y económicos para que inviertan en una educación integral al servicio de la comunidad y en un compromiso por un *pacto social* hacia el bien común[84].

En este sentido, Francisco, en su carta encíclica *Laudato si'*, afirma que:

> El paradigma tecnocrático también tiende a ejercer su dominio sobre la economía y la política. La economía asume todo desarrollo tecnológico en función del rédito, sin prestar atención a eventuales consecuencias negativas para el ser humano. Las finanzas ahogan a la economía real. No se aprendieron las lecciones de la crisis financiera mundial. [...] No es una cuestión de teorías económicas. [...] Pero el mercado por sí mismo no garantiza el desarrollo humano integral y la inclusión social (*LS* 109).

Como podemos observar, el Papa critica duramente los sistemas económicos y políticos que subyugan a los más desfavorecidos de la Tierra y pone el acento en cada acto lleno de bondad que depende de nosotros: "Que otros si-

---

[84] *Cf.* Idem, *ib.*, 15.

gan pensando en la política o en la economía para sus juegos de poder. Alimentemos lo bueno y pongámonos al servicio del bien" (*FT 77*).

7. CUIDAR LA CASA COMÚN

Se trata de establecer criterios para custodiar la casa común, protegiendo los recursos naturales de la casa común y adoptando la humanidad, estilos de vida sobrios y que apuesten por la utilización de energías renovables. En este séptimo y último objetivo, Francisco, por un lado, reflexiona sobre el origen de la crisis medioambiental, que no es otro que la crisis interior del ser humano que se proyecta hacia el exterior, traduciéndose en las relaciones con la sociedad, la economía y el medioambiente.

La respuesta que ofrece Jorge Bergoglio es la inversión de todo el talento en la alianza educativa para hacer madurar una nueva solidaridad y fraternidad universal. A este respecto, Francisco afirma en su carta encíclica *Laudato si'*: "El ambiente humano y el ambiente natural se degradan juntos, y no podremos afrontar adecuadamente la degradación ambiental si no prestamos atención a causas que tienen que ver con la degradación humana y social" (*LS* 48).

Junto con estos siete compromisos del papa Francisco, su sucesor ha añadido tres nuevas prioridades[85] que sostienen y complementan las establecidas. A continuación las exponemos.

---

[85] Cf. LEÓN XIV, *Diseñar nuevos mapas de esperanza* (27 de octubre de 2025), 10.3.

8. VIDA INTERIOR

León XIV sostiene que los jóvenes necesitan espacios de silencio interior y exterior que permitan un diálogo sereno entre Dios y el alma. En el encuentro con los educadores con motivo del Jubileo del Mundo Educativo[86], el Papa nos recordaba las palabras del nuevo doctor de la Iglesia, san John Henry Newman: *cor ad cor loquitur* ('el corazón habla al corazón'); y que recuerda aquella sentencia de san Agustín que dice: "No quieras derramarte fuera; entra dentro de ti mismo, porque en el hombre interior reside la verdad" (*De vera religione* 39, 72). En este sentido, el Papa nos enseña que:

> Quien está cerca de Jesús, quien se hace su amigo en la oración, a través de los sacramentos y en la vida cotidiana, comienza a sentir como él siente; comienza a llevar en su corazón al mundo entero: nada le es ajeno, ninguna persona le es diferente[87].

9. LO DIGITAL HUMANO

Prevost se suma a la importancia nuclear que Francisco le reconoce a la centralidad de la persona. En efecto, León XIV pretende colocar a la persona en el centro, muy por encima de cualquier algoritmo; manifestando que debemos armonizar la inteligencia artificial, la tecnología, la inteligencia emocional, social, espiritual y ecológica. A este respecto, el

---

[86] Cf. LEÓN XIV, *Discurso con motivo del Jubileo del Mundo Educativo* (31 de octubre de 2025).

[87] LEÓN XIV, *Discurso a los miembros del International Youth Advisory Body* (31 de octubre de 2025).

Papa nos recuerda que necesitamos una espiritualidad de conjunto, capaz de obtener una visión que dé unidad, significado y profundidad[88]. El Papa nos recuerda, en relación con la espiritualidad, que esta necesita de una mirada de conjunto entre la teología, la filosofía y otras disciplinas[89]. Análogamente podríamos concluir que "la experiencia cristiana [...] quiere enseñarnos a mirar la vida y la realidad con una mirada integradora, capaz de abarcarlo todo y rechazando cualquier lógica parcial"[90].

10. Paz desarmada y desarmante

"Bienaventurados los pacíficos" (Mt 5,9). Solo una educación basada en puentes y no en muros, en la reconciliación y el perdón y no en la violencia, podrá convertirse en un método transformador de la sociedad. Esa paz desarmada y desarmante impela a la misión. Una misión que se lleva a cabo desde el marco de la sinodalidad y en la certeza de que el Espíritu Santo nos guía hacia la verdad completa[91]. León XIV nos invita a desarmar las palabras, levantar la mirada y custodiar el corazón. En relación con desarmar las palabras, el Papa nos exhorta a educar desde una escucha paciente y mansa, como el corazón de Jesús, exenta de polémica; sobre levantar la mirada, nos reconduce la mirada para que nos interroguemos hacia dónde van nuestros pasos y por qué; por último, custodiar el corazón significa que

---

[88] Cf. León XIV, *Homilía con motivo de la santa misa con los universitarios de las universidades pontificias* (27 de octubre de 2025).

[89] Cf. Idem, *ib.*

[90] Cf. Idem, *ib.*

[91] Cf. León XIV, *Discurso a los miembros del International Youth Advisory Body* (31 de octubre de 2025).

la persona y su dignidad tiene la primacía sobre cualquier otra cosa, particularmente antes que cualquier programa educativo[92].

Estos diez compromisos constituyen las prioridades de Francisco y León XIV para vehicular cualquier pacto educativo, desde lo local hacia lo global.

---

[92] *Cf.* León XIV, *Diseñar nuevos mapas de esperanza* (27 de octubre de 2025), 11.2.

INSTRUMENTUM LABORIS DEL PEG

El *instrumentum laboris* del PEG es un documento elaborado y promovido por el Dicasterio para la Cultura y la Educación (anteriormente Congregación para la Educación Católica) bajo la orientación y el impulso del papa Francisco. Precisamente la tarea de promover el PEG está confiada a este Dicasterio. Este documento de trabajo supone la base para el diálogo, la consulta y la acción educativa conjunta. Se formula con la intención de orientar todas aquellas iniciativas que se enmarcan en el PEG. Como funciones principales de este documento destacan: definir los principios del PEG, establecer líneas de acción concretas y universales, servir como documento guía y promover la alianza educativa entre instituciones civiles y religiosas, gobiernos, familias y jóvenes. En definitiva, el *instrumentum laboris* supone crear un marco educativo global basado en la fraternidad y en un humanismo integral.

A continuación, desarrollamos los aspectos esenciales de dicho texto. Para ello, consideramos las cuatro partes que lo conforman: proyecto, contexto, visión y misión.

1. EL PROYECTO

1. Introducción

El 12 de septiembre de 2019 el papa Francisco lanzó una iniciativa para lograr una gran alianza educativa, a través de su *Mensaje sobre el Pacto Educativo Global*. Dicha propuesta es la traducción concreta al pensamiento social, teológico y magisterial que podemos encontrar en dos de sus documentos: la exhortación apostólica *Evangelii gaudium* y la carta encíclica *Laudato si'*. A su vez, estos documentos magisteriales hunden sus raíces en las orientaciones dadas tanto en el Concilio Vaticano II como en el posconcilio. En *Evangelii gaudium*, Francisco hace una invitación a todo el pueblo de Dios a poner en práctica un anuncio abierto a todos, sin demoras ni miedos y que sea totalmente inclusivo (*cf. EG* 23).

En este sentido, el Papa analiza los problemas del mundo y afirma que, para lograr el objetivo deseado de fraternidad y humanidad, "sentimos el desafío de descubrir y transmitir la mística de vivir juntos, de mezclarnos, de encontrarnos, de tomarnos de los brazos, de apoyarnos, de participar de esa marea algo caótica que puede convertirse en una verdadera experiencia de fraternidad" (*EG* 87). Por su parte, en *Laudato si'* recuerda que "la educación será ineficaz y sus esfuerzos serán estériles si no procura también difundir un nuevo paradigma acerca del ser humano, la vida, la sociedad y la relación con la naturaleza" (*LS* 215).

En base a estos dos documentos, Francisco reivindica la necesidad de una respuesta serena y concreta ante el cambio de época que estamos viviendo. Se perfila, por ello, una alianza que ponga en el centro al ser humano y donde el proceso educativo aglutine (no solo las escuelas y centros docentes), sino a familias, organizaciones sociales, gobiernos e instancias religiosas de todo el mundo[93].

---

[93] *Cf.* FRANCISCO, *Discurso al cuerpo diplomático acreditado ante la Santa Sede* (11 de enero de 2016).

2. El pacto: la apertura al otro como fundamento

El Santo Padre, a través de este pacto, no pretende establecer un programa concreto, sino que perfila una causa común, un mismo proyecto, llevado por personas y entidades de todo el mundo, manteniendo las diferencias propias de cada sector. En este sentido, el *instrumentum laboris* es muy clarificador cuando afirma que "el Papa invita a buscar compañeros de viaje en el camino de la educación más que proponer programas para implementar"[94]. Por tanto, respetar la diversidad es la primera condición que se debe dar en este pacto. Al respecto, cabe reseñar las palabras de Benedicto XVI en las que llama la atención sobre la tarea urgente educativa: "Se habla de una gran emergencia educativa, confirmada por los fracasos en los que muy a menudo terminan nuestros esfuerzos por formar personas sólidas, capaces de colaborar con los demás y de dar un sentido a su vida"[95].

3. La fraternidad originaria

Para Francisco, la fraternidad es su seña de identidad cultural y antropológica. Su pontificado está fundamentado en las entrañas de misericordia y, en consecuencia, en una fraternidad humana. Dicha fraternidad no corresponde a un deber moral, sino que obedece a la identidad del género humano. Es por ello por lo que el PEG no es un asunto propiamente de los cristianos o de los creyentes en general, sino

---

[94] Congregación para la Educación Católica, *Pacto educativo global. Vademecum* (2021), 27.

[95] Benedicto XVI, *Mensaje a la diócesis de Roma sobre la tarea urgente de la educación* (21-01-2008).

que debe ser integrado por toda la humanidad[96]. En este sentido, Francisco nos dice en *Laudato si'*: "Muchas cosas tienen que reorientar su rumbo, pero ante todo la humanidad necesita cambiar. Hace falta la conciencia de un origen común, de una pertenencia mutua y de un futuro compartido por todos" (*LS* 202). No debemos olvidar que la fraternidad es el punto de llegada de toda la alianza educativa, fraternidad que, a su vez, es principio y fundamento para la paz.

2. El contexto

1. Ruptura de la solidaridad intergeneracional

El papa Francisco, al presentar el PEG ante el cuerpo diplomático acreditado ante la Santa Sede[97], analiza la ruptura intergeneracional que existe a nivel mundial. Afirma el Pontífice que es una tendencia generalizada a encerrarse en sí mismos, protegiendo los derechos adquiridos y con indiferencia ante las generaciones mayores y sin seguridad para las generaciones futuras. La raíz de semejante ruptura se encuentra en una transformación antropológica de la que habló Francisco a la Asamblea General de los miembros de la Academia Pontificia para la Vida; en ella afirmó que existe una "rápida difusión de una cultura obsesivamente centrada en la soberanía del hombre. [...] Hay quien incluso hablan de egolatría"[98].

---

[96] *Cf.* Congregación para la Educación Católica, *Pacto educativo global. Vademecum* (2021), 28.

[97] *Cf.* Francisco, *Discurso al cuerpo diplomático acreditado ante la Santa Sede* (11 de enero de 2016).

[98] Francisco, *Discurso a los participantes en la Asamblea General de los miembros de la Pontificia Academia para la Vida* (5 de octubre de 2017).

En efecto, esta egolatría, que genera fractura social, incide de manera dramática en la acción educativa y, en consecuencia, surge una fractura intergeneracional: quiebra entre pueblos y culturas, quiebra entre hombres y mujeres, quiebra entre economía y ética, etc. Por lo que estamos llamados a superar esta *idolatría del yo* y devolver, con originalidad, verdad, belleza y dignidad a la vocación humana que está llamada a una relación con el otro, un *juntos* que puede todo y que lo salva todo.

2. Tiempos educativos y tiempos tecnológicos

Benedicto XVI pone de manifiesto que "la sociedad cada vez más globalizada nos hace más cercanos, pero no más hermanos" (*CV* 19). Y es que el impacto y el rápido desarrollo de las tecnologías actúan de manera especialmente potente en la sociedad en general y en el campo educativo. Francisco subraya la idea de su predecesor y manifiesta que "la velocidad que las acciones humanas le imponen hoy [al hombre y a la mujer] contrasta con la natural lentitud de la evolución biológica" (*LS* 18). En efecto, se produce una rotura, una especie de esquizofrenia psicológico-existencial entre la madurez natural (que cada ser humano lleva con su tiempo de aprendizaje) y la aceleración de los tiempos tecnológicos (que cada vez son más vertiginosos).

Esta situación genera frustración y lastima la conciencia de cada persona. La tecnología ofrece oportunidades para el avance de la humanidad en determinados ambientes, pero produce, al mismo tiempo, una alteración a nivel personal en las capacidades humanas (creatividad, introspección y concentración) que repercute negativamente en la sociedad. En definitiva, como indica Francisco, se hace necesario el discernimiento y lograr una adecuada *humanización* de la tecnología y no una *tecnologización* de la humanidad.

3. "E-ducar" la pregunta

Francisco habla de la *desintegración psicológica* para hacer referencia a las nefastas consecuencias de las nuevas tecnologías sobre la psique y el alma en las nuevas generaciones. La atención es constantemente bombardeada con estímulos rápidos que hacen difícil el silencio interior. Por otro lado, el tiempo y el espacio se alimentan con interacciones que tienden a llenar cada momento del día. En este sentido, dichas interacciones se enfocan en una racionalidad tecnicista (la del cómo) y no en una racionalidad existencialista (la del por qué). Se produce, en consecuencia, una explosión de estímulos que generan pobreza interior y dificultad para centrarse en uno mismo y trascender a las cuestiones fundamentales que siempre interrogan la vida. A este respecto Francisco afirma sobre los estímulos digitales que "suele llevar a perder el sentido de la totalidad, de las relaciones que existen entre las cosas, del horizonte amplio, que se vuelve irrelevante" (*LS* 110).

Sin embargo, Bergoglio pide que esta educación en las cuestiones fundamentales de la existencia no sean propiedad exclusiva de los creyentes, sino que también en los no creyentes estas cuestiones animen una inquietud y los estimule a reflexionar sobre el sentido de la propia existencia. Hay que destacar el acuerdo al que llegan el papa Francisco y el gran imán de Al-Azhar Ahmad al-Tayyeb y que quedó recogido en el documento de fecha 4 de febrero de 2019, en el que destacan "la importancia de reavivar el sentido religioso y la necesidad de reanimarlo en los corazones de las nuevas generaciones"[99].

4. Reconstruir la identidad

El papa Francisco pone de manifiesto la fragmentación de la identidad, cuestión avalada por psicólogos y educadores y que en las nuevas generaciones está produciendo un mayor sufrimiento. Precisamente, nos encontramos una sociedad que reniega de sus mayores porque no son productivos y, en definitiva, consideran innecesario confrontarse con su pasado[100]; por otro lado, se descarta al no nacido con facilidad porque aún no es productivo, empobreciendo una mirada de esperanza y de futuro para la sociedad[101].

Así las cosas, Bergoglio denuncia que una situación así manifiesta un presente sin pasado y sin futuro, por tanto, una identidad personal vacía, sin memoria ni perspectiva. Esto conlleva un empobrecimiento de alma donde el hombre contemporáneo se enfrenta a la vida, inseguro e inestable. Ante esta realidad, Francisco invita a reconstruir aquellos vínculos interrumpidos con el pasado y con el futuro, educando a las nuevas generaciones con una identidad plena y donde se haga posible un presente sereno y repleto de identidad[102].

---

[99] FRANCISCO, *Documento sobre la fraternidad humana por la paz mundial y la convivencia común* (3-5 de febrero de 2019).

[100] *Cf.* FRANCISCO, *Discurso a los fieles de Pietralcina* (17 de marzo de 2018).

[101] *Cf.* FRANCISCO, *Audiencia general* (18 de marzo de 2015).

[102] *Cf.* CONGREGACIÓN PARA LA EDUCACIÓN CATÓLICA, *Pacto educativo global. Vademecum* (2021), 30.

5. Crisis ambiental como crisis relacional

Francisco, en *Laudato si'*, pone de manifiesto la relación directa que existe entre el ser humano y la naturaleza. Así, al igual que ambas realidades se destruyen juntas, también se pueden sanar juntas. En este sentido el Papa escribe: "El ambiente humano y el ambiente natural se degradan juntos, y no podremos afrontar adecuadamente la degradación ambiental si no prestamos atención a causas que tienen que ver con la degradación humana y social" (*LS* 48). Del descuido de la interioridad, afirma Bergoglio, surge el descuido de la exterioridad. Por tanto, es urgente retomar el proceso educativo y hacerlo desde una educación integral. El Papa afronta el reto desde una educación ecológica, ya que solo asumiendo la cuestión ambiental como algo propio podremos entender que la naturaleza no es algo separado y ajeno, sino que estamos incluidos en ella (*LS* 139).

En este sentido, Bergoglio expone que la raíz de esta situación no es meramente moral, sino que es ontológica y antropológica. A este respecto, afirma: "No habrá una nueva relación con la naturaleza sin un nuevo ser humano. No hay ecología sin una adecuada antropología" (*LS* 118). En definitiva, para Francisco todo está relacionado (interioridad y exterioridad), que son la base fundamental para que las nuevas generaciones crezcan en armonía en sus conciencias y en su relación con los demás y con la creación. Interioridad, exterioridad, identidad y alteridad[103] son conceptos básicos que nos acercan a la teología de Francisco y, en particular, su paso de una moral casuística a una conversión del corazón. Solo pasando al corazón todo el peso

---

[103] *Cf.* CONGREGACIÓN PARA LA EDUCACIÓN CATÓLICA, *Pacto educativo global. Vademecum* (2021), 31.

del amor podremos llegar a descubrir a Dios en todas las cosas. Debemos pasar a una mística del encuentro con la creación y con los demás, pues ahí descubriremos la presencia de Dios. Esto solo se consigue con un cambio de mentalidad y de estilo de vida.

3. LA VISIÓN

1. Unidad en la diferencia: un nuevo modo de pensar

El papa Francisco parte del hecho de que el origen de las fragmentaciones se encuentra en el miedo a la diversidad[104]. Si la diversidad y la diferencia son consideradas contrarias a la unidad, la guerra es posible que esté siempre rondando y al acecho de la paz local y mundial. Es por ello por lo que Francisco le pide al nuevo humanismo que eduque en un modo de pensar que sepa conjugar unidad y diversidad, igualdad y libertad, identidad y alteridad[105]. Francisco, en su visita a la Universidad de Roma, afirma: "Las guerras comienzan dentro de nosotros cuando no sabemos abrirnos a los demás, cuando no logramos hablar con los demás"[106].

Estas palabras del Pontífice aclaran la urgente necesidad de un cambio de mentalidad que permita un orden sereno y pacífico dentro del respeto al otro, a la diversidad y, en definitiva, ejercer un pensamiento que articule

---

[104] Cf. FRANCISCO, *Mensaje para la Jornada Mundial de la Paz* (1 de enero de 2020).

[105] Cf. CONGREGACIÓN PARA LA EDUCACIÓN CATÓLICA, *Pacto educativo global. Vademecum* (2021), 31.

[106] FRANCISCO, *Discurso en la Universidad de Roma Tre* (17 de febrero de 2017).

la unidad en la distinción, considerando la diferencia no como un impedimento sino como un requisito para reconstruir el tejido de la unidad. En este sentido, Francisco en *Evangelii gaudium* afirma con relación al diálogo: "Es una condición necesaria para la paz en el mundo y, por tanto, es un deber para los cristianos, así como para otras comunidades religiosas" (*EG* 250).

2. La relación en el centro

El papa Francisco pone de relieve que, para que se desarrolle una adecuada relación jóvenes-adultos, es necesario que estos sean conscientes de la riqueza y de la necesidad que los jóvenes aportan al desarrollo de la humanidad. En este sentido, Francisco afirma:

> Hemos de tener presente que ellos [los jóvenes] tienen mucho que ofrecer con su entusiasmo, con su compromiso y con su sed de verdad, a través de la que nos recuerdan constantemente que la esperanza no es una utopía y la paz es un bien siempre posible[107].

En la experiencia escolar, la educación no se centra exclusivamente en la preparación del docente o en las competencias de los alumnos, sino que la relación entre ambos ocupa un lugar insoslayable. La retroalimentación de esa relación es mutua, siendo la misma relación la que enriquece y educa en un intercambio dialógico[108].

---

[107] FRANCISCO, *Discurso al cuerpo diplomático acreditado ante la Santa Sede* (11 de enero de 2016).

[108] *Cf.* CONGREGACIÓN PARA LA EDUCACIÓN CATÓLICA, *Pacto educativo global. Vademecum* (2021), 32.

3. El mundo puede cambiar

Es este un principio fundamental dentro de la agenda educativa. Sin esta opción de anhelo por el cambio, el deseo humano se ve privado de esperanza y de las fuerzas necesarias para llevarlo a cabo. Benedicto XVI en *Caritas in veritate* afirma: "A veces se perciben actitudes fatalistas ante la globalización, como si las dinámicas que la producen procedieran de fuerzas anónimas e impersonales o de estructuras independientes de la voluntad humana" (*CV* 42). A este *grito* por una esperanza despierta y renovada, Francisco les escribe a los jóvenes lo siguiente:

> En Cracovia, durante la apertura de la última Jornada Mundial de la Juventud, les pregunté varias veces: "Las cosas, ¿se pueden cambiar". Y ustedes escalaron juntos a una gran voz "sí". Esa es una respuesta que nace de un corazón joven que no soporta la injusticia y no puede doblegarse a la cultura del descarte, ni ceder ante la globalización de la indiferencia. ¡Escuchen ese grito que les viene de lo más íntimo![109].

En consecuencia, esta esperanza y este grito que los jóvenes lanzan debe ser acogido por quienes ostentan la responsabilidad política, económica, religiosa, educativa y administrativa. Es un grito por la paz que surge desde la injusticia y la indignación, con la esperanza de que un mundo renovado, con un nuevo humanismo y más fraternal, es posible. Solo actos de ternura pueden salvar a un mundo demasiado herido[110].

---

[109] Francisco, *Documento preparatorio. Los jóvenes, la fe y el discernimiento vocacional*.

[110] *Cf.* Congregación para la Educación Católica, *Pacto educativo global. Vademecum* (2021), 33.

4. LA MISIÓN

1. Educación y sociedad

Existe un vínculo profundo entre la encíclica *Laudato si'* y el PEG. Si, por un lado, la encíclica pone de manifiesto la crisis medioambiental que la Tierra y la humanidad están sufriendo, por otro lado, la alianza educativa evidencia que solo con la educación y con el respaldo de un urgente compromiso por parte de las diversas instituciones y realidades sociales la humanidad podría ser más fraterna y habitable. El papa Francisco establece que, para llevar a cabo esta empresa transformadora de la humanidad, se deberá tener en cuenta tres pasos imprescindibles.

En primer lugar, Francisco exhorta a poner a la persona en el centro. Hay que tener el coraje para esa gran transformación antropológica y devolver al ser humano la dignidad que le corresponde y, para esto, es preciso la firma de una alianza educativa. El objetivo de esta alianza educativa es un pacto en el que se den las condiciones marco necesarias para otro modo de comprender la economía, la política y la técnica; en el que se desarrolle un modo más humano y menos tecnocrático, más ético y menos artificial de comprender la vida humana.

Por último, el pacto educativo supone un acuerdo donde se preserve la dignidad humana desde su concepción hasta su ocaso natural, sin que haga aparición la cultura del descarte. La misión que nos encomienda Francisco no va dirigida solamente a una labor para los niños y jóvenes, sino que, para que este cambio sea eficaz, toda la sociedad debe renovarse. En este sentido, las diversas instituciones que conforman la sociedad deben responsabilizarse del mismo bien común que todas deben perseguir: familia, escuela, religiones, sociedad civil, etc. Así, podemos comprobar que, al llevar a cabo un renovado proceso formativo en la humanidad, la misma sociedad se está renovando y educando en estos nuevos valores propios de una nueva humanidad[111].

2. El mañana exige lo mejor de hoy

En segundo lugar, Francisco pide la audacia de gastar todas las energías como comunidad (social, eclesial, política y económica) y ofrecer a la educación las mejores y mayores fuerzas disponibles. Por un lado, Bergoglio apunta a que los mejores jóvenes, cuyos resultados académicos son más brillantes, suelen trabajar en empresas orientadas a las ganancias, y no tanto al bien común[112]. Por otro lado, critica la ideología consumista que, alimentada de individualismo, requiere la ausencia de personas formadas con pensamiento crítico. En síntesis, la idea del papa Francisco sería invertir en educación para que, a largo plazo, existan jóvenes, con coraje, capaces de llevar a cabo el cambio esperado de forma radical, es decir, poniendo todo el potencial intelectual y académico a los pies del bien común.

3. Educar para servir, educar es servir

Por último, el tercer acto requerido por el papa Francisco sería formar personas que estén dispuestas a trabajar por el bien de la comunidad. Se trata de formar a personas que se pongan a servir, que se desgasten por el otro. Bergoglio se fija en la metodología *Service Learning*, según la cual confir-

---

[111] *Cf.* Congregación para la Educación Católica, *Pacto educativo global. Vademecum* (2021), 33-34.

[112] *Cf.* Idem, *ib.*, 34.

ma que el servicio no es solo una actividad educativa, sino que se configura como una forma, en la cual los conocimientos pueden ser transmitidos y adquiridos. Así, el prójimo es camino y meta del proyecto educativo. Hannah Arendt escribe al respecto:

La educación es el momento que decide si amamos lo suficiente al mundo como para responsabilizarnos de él y salvarlo de la ruina, lo cual es inevitable sin renovación, sin la llegada de nuevos seres, de jóvenes. En la educación se decide también si amamos tanto a nuestros hijos al punto de no excluirlos de nuestro mundo, dejándolos a merced de sí mismos, al punto de no quietarles su oportunidad de emprender algo nuevo, algo impredecible para nosotros, y los preparamos para la tarea de renovar un mundo que será común a todos[113].

---

[113] H. ARENDT, *Tra passato e futuro*, Garzanti, Torino 1999 (original 1961), 255.

CONCLUSIÓN

En esta segunda parte, hemos abordado la naturaleza y finalidad del PEG, delineado por el papa Francisco como una respuesta profética a los desafíos contemporáneos y que su sucesor ha actualizado y potenciado. En esencia, el PEG es una llamada universal del papa Francisco a construir una humanidad más fraterna, donde la educación actúe como eje transformador para regenerar el tejido social, cultural, político y económico del mundo. Por su parte, León XIV complementa con sus tres prioridades los siete compromisos que Francisco había desarrollado.

El papa Francisco propone una aldea global de la educación en la que converjan todos los actores sociales (familias, docentes, gobiernos, sector privado, etc.) con el propósito de establecer una alianza sólida, orientada al bien común. Para ello, Francisco establece tres objetivos primordiales: colocar a la persona en el centro de todo el proceso, promover un nuevo humanismo y formar a personas con gran disponibilidad.

La elaboración del *instrumentum laboris* por parte del Dicasterio para la Cultura y la Educación constituye un marco orientador que articula los principios básicos del PEG y, para su implementación efectiva, se requiere un compromiso corresponsable y multisectorial. La *aldea global de la educación* es una tarea de todos y para todos.

3

APLICACIÓN DEL PEG

INTRODUCCIÓN

A lo largo de esta tercera parte vamos a analizar diversos documentos, experiencias y realidades, posteriores al lanzamiento del PEG, con el propósito de comprender cómo ha sido acogido e implementado en diversos sectores de la sociedad. Para ello, se abordarán fuentes y testimonios representativos del ámbito académico (tanto escolar como universitario), del entorno religioso, así como de iniciativas promovidas tanto por gobiernos locales como por organismos internacionales. Esta aproximación nos permitirá poder identificar avances, desafíos y problemas concretos que ha tenido la llamada del papa Francisco a una alianza educativa universal.

1

CONGREGACIÓN PARA LA EDUCACIÓN CATÓLICA: *LA IDENTIDAD DE LA ESCUELA CATÓLICA PARA UNA CULTURA DEL DIÁLOGO*

La Congregación para la Educación Católica organizó en 2015 un Congreso Mundial titulado *Educar hoy y mañana. Una pasión que se renueva.* A dicho evento acudieron representantes de escuelas católicas de diversas procedencias y de todos los niveles donde debatieron sobre uno de los puntos más relevantes: tomar mayor conciencia, en las instituciones educativas católicas, de su *identidad católica.* El motivo fue aclarar el concepto de *católico* ante las diferentes interpretaciones que pudieran darse a este término, debido a la globalización, al diálogo intercultural e interreligioso y a la rapidez de los cambios en los últimos años. Por este motivo, esta Congregación pretende ofrecer una instrucción que actualice el valor de la *identidad católica* ofreciendo aquellos criterios que sean válidos, a los existentes, para adaptarlos a nuestra actualidad. Estos criterios, que deben actualizarse en las Iglesias y contextos locales, están destinados a salvaguardar la unidad y comunión eclesial[114].

En una primera parte, la instrucción enmarca la presencia de las escuelas católicas en la dimensión evangelizadora

---

[114] Cf. CONGREGACIÓN PARA LA EDUCACIÓN CATÓLICA, *La identidad de la escuela católica para una cultura del diálogo* (25 de enero de 2022), 1-4.

de la Iglesia; en el segundo capítulo, se exponen los diversos sujetos que intervienen en el mundo educativo según las normas canónicas y los diversos carismas; en el último capítulo, se abordan aquellos puntos críticos que puedan aparecer en la integración de todos los aspectos de la educación católica. Más que un tratado general, se trata de herramientas prácticas que puedan servir para aclarar algunos aspectos actuales y así evitar conflictos en el ámbito educativo.

De este documento, nos vamos a centrar en los capítulos primero y tercero, ya que ambos nos ofrecen una información más detallada sobre el tema que estamos tratando.

El capítulo primero, titulado "Las escuelas católicas en la misión de la Iglesia", parte de la imagen maternal de la Iglesia que los padres conciliares mostraron en el Concilio Vaticano II. Casi todos los documentos conciliares muestran la maternidad de la Iglesia, desvelando de este modo su misterio y su acción pastoral, que extiende sus brazos a creyentes y no creyentes. La Iglesia, madre y maestra, engendra hijos para sí y tiene la obligación de educarlos y dirigirlos[115].

Como explicamos en el primer capítulo, *Gravissimum educationis* ofreció algunos principios fundamentales sobre la educación cristiana para las escuelas. En primer lugar, deja claro que la educación es un derecho universal[116]; en segundo lugar, pone de manifiesto que el proceso educati-

---

[115] *Cf.* IDEM, *ib.*, 8.

[116] "Todos los hombres, de cualquier raza, condición y edad, en cuanto participantes de la dignidad de la persona, tienen el derecho inalienable de una educación, que responda al propio fin, al propio carácter; al diferente sexo, y que sea conforme a la cultura y a las tradiciones patrias, y, al mismo tiempo, esté abierta a las relaciones fraternas con otros pueblos a fin de fomentar en la Tierra la verdadera unidad y la paz. Mas la verdadera educación se propone la formación de la persona humana en orden a su fin último y al bien de las varias sociedades, de las que el hombre es miembro y de cuyas responsabilidades deberá tomar parte una vez llegado a la madurez" (*GE* 1).

vo es responsabilidad de todos, comenzando por las familias; por último, afirma que la Iglesia tiene el deber de comunicar a los creyentes la vida de Cristo. La propuesta pastoral de la Iglesia no se circunscribe a sus hijos, sino que está abierta a toda la humanidad, pues "la evangelización y la promoción humana integral se entrelazan en la labor educativa de la Iglesia"[117]. La declaración conciliar, en consonancia con la eclesiología de *Lumen gentium*, concibe la escuela como una *comunidad* y no tanto como una institución. En efecto, no se trata de buscar exclusivamente formación académica sino crear un ambiente comunitario animado por el Evangelio, de suerte que todo quede iluminado por la fe[118].

Dentro del perfil dinámico sobre la *identidad católica* de las escuelas, partimos del hecho de que estas viven en el curso de la historia humana y, en consecuencia, están llamadas a seguir su itinerario para ofrecer la formación adecuada al tiempo que les toca vivir. Las escuelas católicas asumen tanto la diversidad sociocultural y religiosa como las nuevas metodologías educativas, pero guardando su identidad católica, que es concebir la vida en modo cristiano. Si como *escuela* son instituciones educativas que transmiten un patrimonio científico y cultural acompañando a los alumnos en su desarrollo integral, como *católica* su especificidad se basa en ofrecer una concepción de la realidad basada en Jesucristo[119]. La apertura a cristianos, creyentes de otras religiones y no creyentes es un desafío que las escuelas católicas deben saber asumir desde la convicción de que:

---

[117] *Cf.* IDEM, *ib.*, 13.
[118] *Cf.* IDEM, *ib.*, 16.
[119] *Cf.* IDEM, *ib.*, 18-20.

La escuela, incluida la católica, no pide la adhesión de la fe, pero puede prepararla. Mediante el proyecto educativo es posible crear las condiciones para que la persona desarrolle la aptitud de la búsqueda y se la oriente a descubrir el misterio del propio ser y de la realidad que la rodea, hasta llegar al umbral de la fe. Luego, a cuantos decidan traspasarlo, se les ofrece los medios necesarios para seguir profundizando la experiencia de la fe[120].

La escuela católica es sujeto eclesial, ya que es un lugar privilegiado para la educación cristiana llevando, de esta forma, la misión evangelizadora de la Iglesia. Sus instrumentos más potentes serán el testimonio y el diálogo. Este diálogo se desarrolla entre las personas entre sí y entre Dios y las personas. La *gramática del diálogo* es entendida como la forma en la cual se desarrolla la relación, combinando la propia identidad con la comprensión hacia los demás. El papa Francisco nos dejó tres indicaciones para favorecer dicho diálogo: el *deber de la identidad*, la *valentía de la alteridad* y la *sinceridad de las intenciones*[121].

Francisco reconoce el valor central de la educación como parte del proyecto pastoral de una Iglesia *en salida* para acompañar a la humanidad en sus procesos. En la actualidad y con la rápida evolución de la misma sociedad, la educación es un desafío constante, ya que tiene que estar, a la vez, en *movimiento*. Este *movimiento* se divide en tres: en primer lugar, se da un *movimiento de equipo*, donde cada uno colabora con sus talentos; en segundo lugar, nos encontramos con un *movimiento ecológico*, que contribuye a

---

[120] Congregación para la Educación Católica, *Las personas consagradas y su misión en la escuela. Reflexiones y orientaciones* (28 de octubre de 2002).

[121] Cf. Francisco, *Discurso a los participantes en la Conferencia Internacional para la Paz* (28 de abril de 2017).

que exista un equilibrio interior, un equilibrio con los demás, un equilibrio con los seres vivos y un equilibrio con Dios; por último, se da un *movimiento inclusivo*, ya que la inclusión es un aspecto esencial del mensaje cristiano, a la vez, que supone un método de educación[122]. Estos movimientos confluyen y se ponen al servicio del PEG para contrarrestar la *emergencia educativa estructural* y cuya respuesta debe encontrarse en un cambio de paradigma cultural, educativo, social y familiar.

En el capítulo tercero, titulado "Algunos puntos críticos", se afrontan las interpretaciones erróneas que se le pueden dar al calificativo de *católico* por parte de las instituciones educativas. La Congregación para la Educación Católica advierte de que existen varias interpretaciones que deben superarse para una correcta concepción de la identidad católica en los centros docentes eclesiales. Existe una *interpretación reductora* de la catolicidad que excluye dimensiones esenciales de la fe católica. Aquí entraría aquella catolicidad que se circunscribe solo a ciertas personas, a momentos litúrgicos, a la función del capellán o de los profesores de religión.

También pone el acento en aquella *interpretación formal*, la cual expresaría la identidad católica solo mediante un decreto de la autoridad eclesiástica. Asimismo se da la denominada *interpretación carismática*, en las que cuenta sobre todo el *espíritu católico*, teniendo un significado ambiguo y no considerando necesarias las normas canónicas o el reconocimiento eclesiástico. Por último, existe la *interpretación*

---

[122] *Cf.* Congregación para la Educación Católica, *La identidad de la escuela católica para una cultura del diálogo* (25 de enero de 2022), 31-32.

cerrada, donde no hay cabida para aquellas personas que no son *totalmente* católicas[123].

A la luz de lo expuesto en este epígrafe, la instrucción pretende ofrecer orientaciones que sirvan a la reflexión y acompañen ante los nuevos retos que las instituciones educativas tienen en la actualidad. Por su parte, la Congregación para la Educación Católica tiene la esperanza de que una adecuada interpretación sobre la *identidad católica* de los centros educativos de la Iglesia pueda ayudar a la realización del PEG. Concluimos con las siguientes palabras del papa Juan Pablo II que enfatizan lo expuesto:

Si no existe una verdad trascendente, con cuya obediencia el hombre conquista su plena identidad, tampoco existe ningún principio seguro que garantice relaciones justas entre los hombres. [...] Si no se reconoce la verdad trascendente, triunfa la fuerza del poder, y cada uno tiende a utilizar hasta el extremo los medios de que dispone para imponer su propio interés o la propia opinión, sin respetar los derechos de los demás. [...] La raíz del totalitarismo moderno hay que verla, por tanto, en la negación de la dignidad trascendente de la persona humana, imagen visible de Dios invisible y, precisamente por esto, sujeto natural de derechos que nadie puede violar: ni el individuo, el grupo, la clase social, ni la nación o el Estado (*CA* 44).

---

[123] *Cf.* IDEM, *ib.*, 68-72.

2

APLICACIÓN DEL PEG

En este capítulo, vamos a exponer la acogida del PEG en dos sectores concretos. En primer lugar, en las universidades católicas y, en segundo lugar, ante los líderes de las grandes religiones del mundo.

1. EN LAS UNIVERSIDADES CATÓLICAS

En 1990, Juan Pablo II publicó la carta apostólica *Ex corde Ecclesiae* sobre las universidades católicas y, por su parte, Francisco publicó, en 2017, la constitución apostólica *Veritatis gaudium* sobre las universidades y facultades eclesiásticas. Estos dos documentos magisteriales, tratados en el primer capítulo, se unen a la rica aportación que la Iglesia ha realizado y sigue haciendo a la universidad desde los orígenes de esta. Si bien Wojtyla recuerda que la universidad católica tuvo sus inicios en el corazón de la Iglesia, Bergoglio pide a las universidades que lleven a cabo trabajos de investigación científica en cinco áreas temáticas que fundan los pilares de la idea de universidad que tiene el papa Francisco. A continuación, vamos a desarrollar estas cinco áreas temáticas. Cada área temática responde a una línea de investigación y de acción que Francisco quiere impulsar y que está intrínsecamente relacionada con el pacto educativo.

Cada área está siendo promovida por universidades distintas. Son las siguientes:

1. La dignidad y los derechos humanos, cuya universidad de referencia es la Universidad de Notre Dame (Estados Unidos).
2. La fraternidad y la cooperación, cuya universidad de referencia es la Universidad Católica del Sagrado Corazón (Italia).
3. Tecnología y ecología integral, cuya universidad de referencia es la Pontificia Universidad Javeriana (Colombia).
4. Paz y ciudadanía, cuya universidad de referencia es la Pontificia Universidad Lateranense (Italia).
5. Culturas y religiones, cuya universidad de referencia es la Pontifica Universidad Santo Tomás de Manila (Filipinas).

1. La dignidad y los derechos humanos, cuya universidad de referencia es la Universidad de Notre Dame (Estados Unidos)

La misión de la universidad es la de defender la dignidad y los derechos de la persona humana. Según la definición de universidad católica dada por Juan Pablo II en *Ex corde Ecclesiae*:

> La universidad católica [...] es una comunidad académica, que, de modo riguroso y crítico, contribuye a la tutela y desarrollo de la dignidad humana y de la herencia cultural mediante la investigación, la enseñanza y los diversos servicios ofrecidos a las comunidades locales, nacionales e internacionales (*ECE* 12).

De igual modo, Francisco recordaba en el encuentro con el mundo académico que la Universidad de Bolonia fue fundada para la "búsqueda de lo que defiende a las personas, regula la vida común y protege de la lógica del más fuerte"[124].

Asimismo, en su carta encíclica *Fratelli tutti*, compendio de la doctrina social del papa Francisco, el Pontífice defiende la igualdad de derechos basada en la dignidad humana (*cf. FT* 22); rechaza las diferencias de religión, residencia, capacidad, etc., que justifique los privilegios de unos sobre los derechos de todos (*cf. FT* 118); contradice la mentalidad de que las mujeres tengan menos derechos que los hombres (*cf. FT* 121); por último, defiende la labor de Naciones Unidas como punto de referencia de justicia y camino de paz.

2. La fraternidad y la cooperación, cuya universidad de referencia es la Universidad Católica del Sagrado Corazón (Italia)

La universidad es lugar para el diálogo intercultural y la solidaridad, así como para la construcción de la fraternidad entre los pueblos. En el encuentro con el mundo de la cultura, Francisco habla de la universidad como un lugar en el que se elabora la cultura de la proximidad, donde se promueve la cultura del diálogo y donde se lleva a cabo una confrontación constructiva, considerando la cultura del otro como una riqueza y no como un motivo de conflicto. Bergoglio afirma en este encuentro:

---

[124] FRANCISCO, *Discurso durante el encuentro con los estudiantes y el mundo académico* (1 de octubre de 2017).

¡Todo está relacionado con todo, todo está creado para ser un icono vivo de Dios que es Trinidad de amor! [...] Es una tarea prioritaria educar a los hombres para que vivan este pacto, [...] para que sean pacto vivo, [...] para abrir los caminos del futuro a una nueva civilización que abrace en la fraternidad universal a la humanidad y al cosmos[125].

3. Tecnología y ecología integral, cuya universidad de referencia es la Pontificia Universidad Javeriana (Colombia)

La universidad debe desarrollar futuros profesionales y científicos que defiendan que la tecnología debe estar al servicio del bien común y del medioambiente. Prueba de ello lo encontramos en el encuentro que tuvo el papa Francisco con el mundo de la escuela y la universidad, donde afirmó:

La creación es un don para ser compartido. Es el espacio que Dios nos da para construir con nosotros, para construir un nosotros. El mundo, la historia, el tiempo, es el lugar donde vamos construyendo ese nosotros con Dios, el nosotros con los demás, el nosotros con la tierra[126].

Francisco, con la carta encíclica *Laudato si'*, ha entregado a la Iglesia y a la humanidad entera el sentir de la Iglesia sobre la ecología, con el fin de "unir a toda la familia humana en la búsqueda de un desarrollo sostenible e integral" (*LS* 13).

---

[125] IDEM, *ib.*
[126] IDEM, *ib.*

4. Paz y ciudadanía, cuya universidad de referencia es la Pontificia Universidad Lateranense (Italia)

La universidad debe ser una aliada incondicional en la defensa de la paz; a favor de la paz y no mantener una postura neutral. El sueño del papa Francisco con Europa es que sea *universitaria y madre*, que infunda esperanza y sea una herramienta de paz para el mundo. Bergoglio sostiene que ante la paz no se puede ser neutral[127]. Asimismo, Francisco, en su *Discurso en el atrio de la Pontificia Universidad Lateranense*, afirmó que la paz y la dignidad humana ponen de relieve la necesidad de un pacto educativo capaz de transmitir conocimientos y sabiduría espiritual y humana, recuperando la capacidad de diálogo entre las personas y comprendiendo sus necesidades[128].

5. Culturas y religiones, cuya universidad de referencia es la Pontifica Universidad Santo Tomás de Manila (Filipinas)

La universidad debe ser un lugar de confrontación intercultural e interreligiosa. Así lo afirmó el papa Francisco en su *Discurso a la Universidad de Roma Tre*, donde además animaba a los profesores y estudiantes a crear un ambiente universitario de diálogo constructivo, en el que se venzan las tentaciones de la indiferencia con la apertura al encuentro y a la confrontación[129]. El debate entre cultura y religión es abordado ampliamente por Francisco, llegando a ser un

---

[127] *Cf*. FRANCISCO, *Discurso durante el encuentro con los estudiantes y el mundo académico* (1 de octubre de 2017).

[128] *Cf*. FRANCISCO, *Discurso en el atrio de la Pontificia Universidad Lateranense* (31 de octubre de 2019).

[129] *Cf*. FRANCISCO, *Discurso a la Universidad Rome Tre*.

aspecto importante en su pontificado. Prueba de ello es el capítulo octavo de su carta encíclica *Fratelli tutti* dedicado a las religiones al servicio de la fraternidad.

En dicho documento podemos leer: "Las distintas religiones [...] ofrecen un aporte valioso para la construcción de la fraternidad y para la defensa de la justicia en la sociedad" (*FT* 271). Asimismo, Bergoglio defiende el espacio público como lugar donde el debate cultural y religioso habite; en este sentido, escribe: "No puede admitirse que en el debate público solo tengan voz los poderosos y los científicos. Debe haber un lugar para la reflexión que procede de un trasfondo religioso que recoge siglos de experiencia y de sabiduría" (*FT* 275).

Como conclusión a este apartado dirigido a las universidades católicas, sería justo traer las palabras del papa León XIV, quien, en su *Mensaje a los participantes en la Asamblea General de la Federación Internacional de Universidades Católicas*[130], animaba a estas a convertirse en *itinerarios de la mente hacia Dios*, según la expresión de san Buenaventura. León XIV anima a dirigir el esfuerzo del intelecto al diálogo, propio del medio universitario, entre las distintas cosmovisiones. Pero un diálogo que sabe conjugar el respeto hacia otras escuelas del saber sin alejarnos de Cristo. Prevost afirma que:

Cristo no llega como un extraño al discurso racional sino más bien como clave de bóveda que le da sentido y armonía a todo nuestro pensar, a todos nuestros anhelos y proyectos de mejorar la vida presente y de dar propósito y trascendencia al esfuerzo humano[131].

---

[130] *Cf.* LEÓN XIV, *Mensaje a los participantes en la Asamblea General de la Federación Internacional de Universidades Católicas* (28 de julio-1 de agosto de 2025).

[131] IDEM, *ib.*

2. EN EL ÁMBITO DE LAS GRANDES RELIGIONES DEL MUNDO

El papa Francisco, en su esfuerzo por la promoción del PEG, mantuvo un encuentro con los líderes de las principales religiones del mundo el 5 de octubre de 2021, en la sala Clementina. Junto con los principales líderes religiosos asistió la subdirectora general de Educación de la Unesco, Stefania Giannini.

En el discurso que pronunció el papa Francisco en aquella ocasión, afirmó que "no podemos ocultar a las nuevas generaciones las verdades que dan sentido a la vida"[132]. En efecto, educar a las nuevas generaciones según Jorge Bergoglio debe basarse no solo en el conocimiento de uno mismo sino que debe ampliarse al conocimiento del otro (para su acogida), de la creación (para el cuidado de la casa común) y de lo trascendente (para educar al misterio de la vida). Se trata, por tanto, de una formación integral[133].

En este sentido, Satish Kumar defiende que, al estar comenzando una nueva era, la era del medioambiente, necesitamos un nuevo sistema educativo que ayude a desarrollar "una cultura amigable con la naturaleza y una economía amigable con el planeta"[134]. Considera que la educación debe tener un enfoque holístico donde entran en juego la

---

[132] FRANCISCO, *Discurso en el encuentro de religiones y educación* (5 de octubre de 2021).

[133] *Cf.* IDEM, *ib.*

[134] ORGANIZACIÓN INTERNACIONAL PARA LA EDUCACIÓN CATÓLICA, *Encuentro de los líderes de las religiones del mundo y el papa Francisco. Religiones y educación: hacia un pacto por la educación*, 7, en: www.e-sm.net/230084_01. Satish Kumar es jaimista, nacido en India y afincado en Inglaterra, es editor de la revista *Resurgence & Ecologist*. Ha creado en Inglaterra la *Small School*, escuela secundaria pionera donde los niños aprenden "ecointeligencia".

cabeza, el corazón y las manos; con la finalidad de "transformar la educación y aprender una nueva forma de vivir con nosotros mismos, con los demás y con nuestro planeta Tierra"[135].

También en esta misma línea se encuentra Gretchen Castle, quien considera que se debe enseñar en el cuidado de la creación, el respeto por la vida y alimentar la compasión; siendo ahí donde la educación y la religión se encuentran. Estos principios permitirán poner a la persona en el centro del aprendizaje conectando cada estudiante con la dimensión ética; asimismo, Castle confía en una mejor comprensión tanto del sistema económico como el político para que integren una ecología holística[136] en beneficio del ser humano.

Francisco, en su *Discurso en el encuentro de religiones y educación*, afirma que religión y educación han tenido una estrecha relación y hoy se quiere renovar la acción educativa para hacer crecer la fraternidad universal. Es por ello por lo que ni la religión ni el nombre de Dios deben ser usados para justificar la violencia. La educación nos compromete a acoger al otro sin juzgarlo ni condenarlo. Asimismo, la educación nos pide denunciar cualquier tipo de violencia física o moral en cada persona; pues hombres y mujeres son iguales en dignidad[137].

En este sentido Bartholomew I, arzobispo de Constantinopla, ve la educación como una transmisión de valores que orienta a la persona a lo fundamental de la vida y la

---

[135] IDEM, *ib.*, 7.

[136] IDEM, *ib.* Gretchen Castle ha sido secretaria general del Comité Consultivo Mundial de los Amigos (cuaquerismo).

[137] *Cf.* FRANCISCO, *Discurso en el encuentro de religiones y educación* (5 de octubre de 2021).

labor del maestro la considera como aquel que educa sobre la importancia de la educación religiosa para la formación social y espiritual de los jóvenes. Ahmad al-Tayyeb, gran imán de Al-Azhar, considera que es necesaria una revisión de la civilización y cultura de Occidente frente a Oriente. Y Noam Marans, director de Relaciones Interreligiosas, se cuestiona sobre cómo debemos enseñar, a lo que su respuesta es: "De la manera que sea mejor para ese niño"[138].

Por último, el papa Francisco, en su *Discurso en el encuentro de religiones y educación* del 5 de octubre, hace una llamada a "amar nuestra madre Tierra, […] a estar más dispuestos a compartir los bienes que Dios nos ha dado para la vida de todos"[139]. Nos invita a reforzar la educación en cada persona en su integridad: cabeza, corazón y manos. Es decir, pensando lo que se siente y se hace; sintiendo lo que se hace y se piensa; hacer lo que se piensa y se siente[140]. A este respecto, María Habito, representante del venerable Hsin-tao, considera que hay dos objetivos en la enseñanza: en primer lugar, ponerse al servicio del prójimo y de la sociedad y amar y proteger la Tierra; y esto en colaboración con la comunidad global, trabajando juntos para hacer de esta Tierra un mejor lugar.

Por último, Stefania Giannini, subdirectora general de Educación de la Unesco, admitía "las tradiciones espirituales del mundo y su papel fundamental en la educación, ellas promueven los valores universales de cuidado, respe-

---

[138] Organización Internacional para la Educación Católica, *Encuentro de los líderes de las religiones del mundo y el papa Francisco. Religiones y educación: hacia un pacto por la educación*, 5-6, en: www.e-sm.net/230084_01.

[139] Francisco, *Discurso en el encuentro de religiones y educación* (5 de octubre de 2021).

[140] Cf. Idem, *ib.*

to y solidaridad"; de igual manera Giannini afirma que "para ser transformadora, la educación debe brindar a cada estudiante la comprensión, la confianza y los valores para cocrear el cambio"[141].

141 IDEM, *ib.*, 9, 13.

3

MODELOS DE PACTOS EDUCATIVOS

En este tercer capítulo vamos a exponer tres modelos de pactos educativos que se implementaron y están dando frutos muy prometedores. En primer lugar, exponemos las ciudades educadoras, cuyo origen se sitúa en Barcelona en 1990; en segundo lugar, tratamos las ciudades del aprendizaje, por iniciativa de la Unesco y cuyo origen se sitúa en 2015; por último, nos referimos al Pacto por la Educación del Norte de Santander (Colombia).

1. CIUDADES EDUCADORAS[142]

Las ciudades educadoras se originaron en Barcelona en 1990, en el que los municipios representados aprobaron la *Carta de ciudades educadoras*. Dicho documento es la hoja de ruta para todas aquellas localidades que se suman a este proyecto. En 1994 pasó a ser una asociación sin ánimo de lucro, denominándose Asociación Internacional de Ciudades Educadoras (AICE). A principios de 2023, eran cerca de quinientas ciudades de treinta y cinco países los miembros de esta asociación. Su finalidad es apostar por la educación como instrumento de transformación social.

---

[142] *Cf.* ASOCIACIÓN INTERNACIONAL DE CIUDADES EDUCADORAS, *Carta de ciudades educadoras*, Barcelona 1990.

La *Carta de ciudades educadoras* se basa, entre otros documentos, en la Declaración Universal de Derechos Humanos (1948), la Declaración Mundial sobre Educación para Todos (1990), la cuarta Conferencia Mundial sobre la Mujer celebrada en Beijing (1995), el Acuerdo de París sobre el Clima (2015) y en la Agenda 2030 para el Desarrollo Sostenible (2015). Consta de un preámbulo y veinte principios donde se ponen de manifiesto herramientas y orientaciones para construir ciudades que educan a lo largo de toda la vida a sus habitantes; siendo localidades dinámicas, saludables, inclusivas y participativas. Ya en su preámbulo podemos leer lo siguiente: "En la ciudad educadora, la educación trasciende los muros de la escuela para impregnar toda la ciudad"[143].

En efecto, la finalidad para la ciudad educadora no es centrarse en la formación académica de niños y jóvenes, sino que trasciende *los muros de la escuela* y pretende innovar, compartir, enriquecer y dignificar la vida de sus habitantes. Las razones que justifican esta labor educadora son de orden social, político y económico, enfocadas a un proyecto cultural y educativo.

Estos son los cuatro grandes retos que consideran importantes de cara al siglo XXI: primero, invertir en educación para que cada persona desarrolle su potencial humano; segundo, promover la plena igualdad para que cada persona se sienta escuchada; tercero, conjugar todos los factores necesarios para que llegue a construirse una verdadera sociedad del conocimiento; cuarto, desarrollar la conciencia comunitaria para organizar la vida en condiciones de igualdad.

---

[143] IDEM, *ib.*, "Preámbulo".

Uno de los pilares fundamentales de las ciudades educadoras es que las ciudades que componen dicho proyecto se comprometen a colaborar entre ellas para intercambiar experiencias. Este espíritu de cooperación permitirá un enriquecimiento mutuo, así como la apertura a la cooperación con organismos internacionales.

En un análisis del mundo actual, el preámbulo de la *Carta de ciudades educadoras* pone de manifiesto que la humanidad está viviendo un cambio de etapa, de paradigma y, por ello, las personas deben saber comprender el momento político, social, económico y ecológico que están viviendo para intervenir, desde su localidad, en la complejidad mundial. La profunda transformación social y económica está llevando a un profundo cambio en el metabolismo urbano, ya que más de la mitad de la población mundial vive en ciudades. A su vez, los efectos del cambio climático, la dependencia energética, el consumismo desmesurado y la contaminación hacen de las ciudades núcleos que requieren cambios importantes para poder garantizar una vida digna y saludable; y no solo para los ciudadanos presentes, sino también para los futuros. Así, el mismo preámbulo afirma:

> En tal contexto, los municipios de todos los países deben actuar desde su dimensión local. [...] Urge más que nunca la educación en valores y derechos humanos, que otorgan sentido, ofrecen estímulo, dibujan una hoja de ruta democrática y nos permiten convivir serenamente[144].

Habida cuenta de la multiculturalidad existente en las ciudades, subyace el reto de promover el equilibrio entre la

---

[144] Idem, *ib.*, "Preámbulo".

diversidad y la singularidad propia de la identidad. En efecto, el desafío consistirá en mantener las singularidades de cada ciudad, sin perjuicio de construir lo común. La ciudad educadora pretende ofrecer soluciones que persistan en el tiempo y ello conlleva procesos de diálogo, de pensamiento crítico y de buscar, por encima de todo, el bien común. En definitiva, "debe afirmarse el derecho a la ciudad educadora como extensión del derecho a la educación"[145], garantía de principios de la justicia social.

Una vez puestas las bases de la ciudad educadora en el preámbulo de su carta, a continuación se exponen los veinte principios que están agrupados en tres bloques: el derecho a la ciudad educadora; el compromiso de la ciudad; y el servicio integral de las personas.

1. El derecho a la ciudad educadora

Este bloque recoge cinco principios, los cuales manifiestan los *derechos* que deben promover estas ciudades para llevar a cabo sus compromisos con sus ciudadanos. El primer principio y pilar fundamental del resto de principios tiene por título *Educación inclusiva a lo largo de la vida*. Todos los habitantes de la ciudad tienen derecho a oportunidades de formación, para ello la Administración local desarrollará las políticas necesarias para suprimir cualquier obstáculo que vaya en contra de la igualdad[146]. La formación se debe plantear de manera transversal e innovadora, inspiradas en el marco de la justicia social para la promoción de sus habitantes[147].

---

[145] IDEM, *ib.*, "Preámbulo".

[146] *Cf.* IDEM, *ib.*, "Principio 1. Educación inclusiva a lo largo de la vida".

[147] *Cf.* IDEM, *ib.*, "Principio 2. Política educativa amplia".

Se promoverá la educación en la diversidad, la solidaridad y el respeto, combatiendo cualquier tipo de discriminación y favoreciendo el diálogo y escucha activa, la expresión de cultos, y la diversidad cultural[148]. Promoverán el derecho a la cultura y la participación de todas las personas, particularmente aquellos colectivos más vulnerables; estimulando la educación artística, la creatividad y fomentando la participación[149]. Por último, la ciudad educadora fomentará la cooperación y diálogo intergeneracional, combatiendo el edadismo con la creación de proyectos comunes entre grupos de personas de edades distintas[150].

2. El compromiso de la ciudad

El compromiso por la ciudad se ha de basar en el conocimiento del territorio, título del primero de los principios del segundo bloque. En efecto, los gobiernos locales deberán tener información sobre las condiciones de vida de sus habitantes, promoviendo estudios y asegurando canales abiertos de comunicación entre Administración local y ciudadanos[151]. La ciudad educadora promoverá programas formativos en las tecnologías de la información y la comunicación para todas las edades y grupos sociales; de este modo se combate la llamada *brecha digital*[152].

La gobernanza en la ciudad educadora debe estar abierta a la cooperación ciudadana, de forma que fomente

---

[148] *Cf.* IDEM, *ib.*, "Principio 3. Diversidad y no discriminación".
[149] *Cf.* IDEM, *ib.*, "Principio 4. Acceso a la cultura".
[150] *Cf.* IDEM, *ib.*, "Principio 5. Diálogo intergeneracional".
[151] *Cf.* IDEM, *ib.*, "Principio 6. Conocimiento del territorio".
[152] *Cf.* IDEM, *ib.*, "Principio 7. Acceso a la información".

la participación de esta en la gestión municipal, desde una perspectiva crítica y corresponsable. Contando con iniciativas privadas que promuevan y ayuden al bien común de la ciudad[153]. Todas aquellas iniciativas municipales que se lleven a cabo deberán evaluarse para su mejora continua; el proyecto educativo local, los valores que se fomenten, así como los instrumentos con los que se han gestionado son parte de seguimiento para garantizar la coherencia de las políticas que promuevan el progreso colectivo y personal[154].

La ciudad deberá presentar su identidad poniendo en valor su patrimonio y la memoria histórica que le acredita su particular forma de ser. Sin identidad propia no es posible un diálogo fecundo con su entorno y con el mundo[155]. Otro aspecto singularmente importante es aquel relacionado con la habitabilidad del espacio público. En este sentido, la ciudad educadora deberá atender especialmente las necesidades de la infancia, personas con diversidad funcional y personas mayores a la hora de la planificación urbanística y de su equipamientos y servicios. Promoverán áreas de ocio al aire libre que fomenten las relaciones sociales.

También sería de gran valor implicar a los artistas locales en el diseño de dichos espacios públicos[156]. El gobierno local deberá asegurarse del mantenimiento de espacios y servicios públicos en orden al bienestar personal y social. Dotando a los profesionales de formación específica para la atención a la infancia, juventud, personas

---

[153] *Cf.* IDEM, *ib.*, "Principio 8. Gobernanza y participación ciudadana".

[154] *Cf.* IDEM, *ib.*, "Principio 9. Seguimiento y mejora continua".

[155] *Cf.* IDEM, *ib.*, "Principio 10. Identidad de la ciudad".

[156] *Cf.* IDEM, *ib.*, "Principio 11. Espacio público habitable".

mayores y personas con diversidad funcional[157]. El último principio de este segundo bloque trata sobre la sostenibilidad. La ciudad educadora deberá comprometerse con la promoción activa de todos sus habitantes para que adopten estilos de vida saludables y con un consumo adecuado[158].

3. El servicio integral de las personas

El primero de los principios de este tercer último bloque está relacionado con la salud. La ciudad educadora deberá ocuparse por el bienestar psíquico, físico y emocional de sus habitantes. Para lograrlo, se promocionarán actividades de educación física y emocional y de prevención de adicciones, entre otras iniciativas. Además, creará espacios que fomenten las relaciones sociales para combatir la soledad y el aislamiento[159]. Asimismo, deberá velar por la salud de las familias promoviendo que estas reciban la debida formación que les permita acompañar al desarrollo de sus hijos.

De igual modo, proveerá de propuestas de formación para aquellos profesionales que realizan funciones educativas[160]. La ciudad educadora ofrecerá orientación laboral y fomentará el emprendimiento; además, cooperarán con sindicatos y empresarios para la creación de puestos de

---

[157] *Cf.* IDEM, *ib.*, "Principio 12. Adecuación de equipamientos y servicios municipales".

[158] *Cf.* IDEM, *ib.*, "Principio 13. Sostenibilidad".

[159] *Cf.* IDEM, *ib.*, "Principio 14. Promoción de la salud".

[160] *Cf.* IDEM, *ib.*, "Principio 15. Formación de agentes educativos".

trabajo que faciliten la inserción sociolaboral[161]. Las ciudades deberán desarrollar políticas inclusivas que permitan la cohesión social; para ello, atenderán a las personas recién llegadas, migrantes, etc. De igual modo, fomentarán la cohesión social entre sus barrios y sus habitantes; erradicando, de esta forma, cualquier atisbo de violencia y acoso[162].

Dicha cohesión puede ser dinamizada gracias a la promoción del voluntariado como una forma de corresponsabilidad cívica para canalizar acciones al servicio de la comunidad (cultura, deporte, solidaridad, formación, etc.)[163]. El último principio hace alusión a la ciudadanía global. La ciudad educadora deberá ofrecer formación para fomentar la tolerancia, el respeto y el compromiso por el bien común. En consecuencia, esta formación dará paso a un proceso de concienciación local y que podría facilitar y culminar en una dimensión global[164].

2. Ciudades del aprendizaje[165]

El Instituto para el Aprendizaje a lo Largo de Toda la Vida de la Unesco surge con el objetivo de fortalecer a los Estados miembros de la Unesco en el ámbito del aprendi-

---

[161] Cf. IDEM, ib., "Principio 16. Orientación e inserción laboral inclusiva".

[162] Cf. IDEM, ib., "Principio 17. Inclusión y cohesión social".

[163] Cf. IDEM, ib., "Principio 19. Promoción del asociacionismo y el voluntariado".

[164] Cf. IDEM, ib., "Principio 20. Educación para una ciudadanía democrática y global".

[165] Cf. UNESCO e INSTITUTO PARA EL APRENDIZAJE A LO LARGO DE TODA LA VIDA, Red mundial de ciudades del aprendizaje de la Unesco. Documentos guía, Hamburgo 2015.

zaje a lo largo de toda la vida y lo lleva a cabo mediante el apoyo de políticas y sistemas que lo favorezcan. Se basa en la Agenda 2030 para el Desarrollo Sostenible de las Naciones Unidas y de los diecisiete objetivos de desarrollo sostenible de la Agenda 2030; el instituto tiene la responsabilidad de que los países miembros alcancen el objetivo de desarrollo sostenible cuarto: "Garantizar una educación inclusiva, equitativa y de calidad y promover oportunidades de aprendizaje durante toda la vida para todos".

La educación para toda la vida hunde sus raíces en la integración aprendizaje-vida y abarca a todas las edades, en todos los contextos de la sociedad y a través de diversas modalidades. Cinco elementos esenciales deben abarcar el aprendizaje a lo largo de toda la vida: todos los grupos de edad, todos los niveles de educación, todas las formas de aprendizaje, todos los espacios de aprendizaje y amplia variedad de fines. Estas cinco características garantizan la promoción del aprendizaje para todos los ciudadanos, potenciando su desarrollo personal y, en consecuencia, su bienestar económico, social y cultural. Logrando, en consecuencia, ciudades en las que se potencien programas de justicia social, desarrollo sostenible y ciudadanía mundial.

Con tal objeto, el Instituto para el Aprendizaje a lo Largo de Toda la Vida estableció la Red Mundial de las Ciudades del Aprendizaje de la Unesco con el objetivo de promover intercambio de información y proporcionar apoyo. Para ello, en 2015 dicho instituto presentó los documentos guía de dicha red y que están formados por: *Declaración de Beijing sobre la creación de ciudades del aprendizaje* y las *Características fundamentales de las ciudades del aprendizaje*. Mientras que la *Declaración de Beijing sobre la creación de ciudades del aprendizaje* describe la función del aprendizaje durante toda la vida en la promoción de las personas, la sostenibilidad de las ciudades y fija el compromiso en doce acciones concretas para el desarrollo de las ciudades del aprendizaje; las *Características fundamentales de las ciudades del aprendizaje* ofrecen una guía completa de puntos de acción para medir el progreso de estas.

A continuación, desarrollamos ambos documentos del Instituto para el Aprendizaje a lo Largo de Toda la Vida de la Unesco.

1. *Declaración de Beijing sobre la creación de ciudades del aprendizaje*

Los participantes en la Conferencia Internacional sobre Ciudades del Aprendizaje (evento organizado por la Unesco, el Ministerio de Educación de China y el Gobierno Municipal de Beijing en octubre de 2023) firmaron dicha declaración. El texto parte de la realidad social y los desafíos a los que se enfrenta la humanidad en el momento presente de rápida transformación. Su objetivo es el de empoderar a los ciudadanos motivándolos al uso de toda la formación existente a lo largo de su vida. Ya que dicho aprendizaje mejorará su calidad vida, dotándoles de las herramientas necesarias para afrontar los nuevos desafíos, creando sociedades más sostenibles[166]. El motivo de esta iniciativa reside en que gran parte de la población mundial vive en ciudades y, por ello, estas desempeñan un papel cada vez más importante en el desarrollo mundial. Así, la

---

[166] *Cf.* Unesco e Instituto para el Aprendizaje a lo Largo de Toda la Vida, *Red mundial de ciudades del aprendizaje de la Unesco. Documentos guía*, Hamburgo 2015, 5.

declaración afirma que las ciudades del aprendizaje son pilares del desarrollo sostenible[167].

En efecto, las ciudades desempeñan un puesto significativo en la promoción de la persona y su inclusión en la sociedad, en el crecimiento económico y la protección del medioambiente. Así las cosas, las ciudades deberían ser arquitectas y ejecutoras de las estrategias que fomenten tanto el aprendizaje para toda la vida como el desarrollo sostenible. Dichas estrategias se condensan en doce compromisos para la transformación de las ciudades. En los apéndices de este libro, presentamos una visión sintética en forma de tabla de los compromisos (*cf.* "Tabla 1", página 157, en la sección de los apéndices de esta misma obra).

2. *Características fundamentales de las ciudades del aprendizaje*

El Instituto para el Aprendizaje a lo Largo de Toda la Vida de la Unesco establece las siguientes características que definen la ciudad del aprendizaje en su documento *Características fundamentales de las ciudades del aprendizaje*[168]:

– Promoción del aprendizaje inclusivo en todas las etapas educativas.
– Revitalización del aprendizaje en familias y comunidades.
– Facilitación del aprendizaje para y en el lugar de trabajo.
– Ampliación del uso de las tecnologías de la información y comunicación para el aprendizaje.

---

[167] *Cf.* IDEM, *ib.*, 5.
[168] *Cf.* IDEM, *ib.*, 10.

– Mejora en la calidad del aprendizaje.
– Fomento de la cultura del aprendizaje para toda la vida.

Con estas pautas, la ciudad del aprendizaje es capaz de movilizar todos sus recursos y en todos los sectores, lo que conlleva a un empoderamiento individual y comunitario, la cohesión social y una prosperidad cultural y económica que aspire a un desarrollo sostenible. No obstante, para la construcción de esta ciudad de aprendizaje debe existir una implicación operacional y pragmática, y no solo basarse en teorías abstractas. Es por ello por lo que, a nivel local, deben supervisarse los progresos y avances por tres razones, tal como se estipula en las *Características fundamentales de las ciudades del aprendizaje*[169]:

1. Para que los discursos se transformen en estrategias concretas.
2. Para medir el avance de los logros conseguidos en el tiempo.
3. Para evaluar los beneficios de las estrategias implantadas.

Más aún, a las herramientas establecidas se sumaron los siguientes criterios para el desarrollo[170] de las *Características fundamentales de las ciudades del aprendizaje* del Instituto para el Aprendizaje a lo Largo de Toda la Vida de la Unesco:

1. Ambiciosas pero alcanzables: la meta debe ser realista.
2. Cruciales: cada característica debe manifestar una cuestión destacada.

---

[169] *Cf.* Idem, *ib.*, 10.
[170] *Cf.* Idem, *ib.*, 11.

3. Relevantes: el cumplimiento de una característica debe ir unido a haber alcanzado su objetivo clave.
4. Claras: las características deben ser comprensibles por cualquier persona.
5. Fáciles de evaluar: las características deben ser evaluadas con datos existentes.
6. Fiables: las personas han de confiar en la información ofrecida por dichas características.

Todo lo anteriormente expuesto se refleja en el Gráfico 1[171]. Inspirado en el logotipo de la Unesco, el marco de las *Características fundamentales de las ciudades del aprendizaje* se corresponde con el frontón, las columnas y los pilares del Gráfico 1.

De las características fundamentales recogidas en el documento, la mayor parte son cuantitativas. El objetivo de las observaciones[172], según el instituto, es para evitar hacer distinciones entre las ciudades, pues, aunque cada núcleo urbano es diferente, el análisis debe ser contextualizado teniendo en consideración su particular historia cultural, social y económica.

---

[171] *Cf.* Unesco e Instituto para el Aprendizaje a lo Largo de Toda la Vida, *Red mundial de ciudades del aprendizaje de la Unesco. Documentos guía*, Hamburgo 2015, 11.

[172] Para ampliar información, en la página 14 del texto de documentos guía, se puede encontrar una tabla que recoge las características fundamentales y su medición.

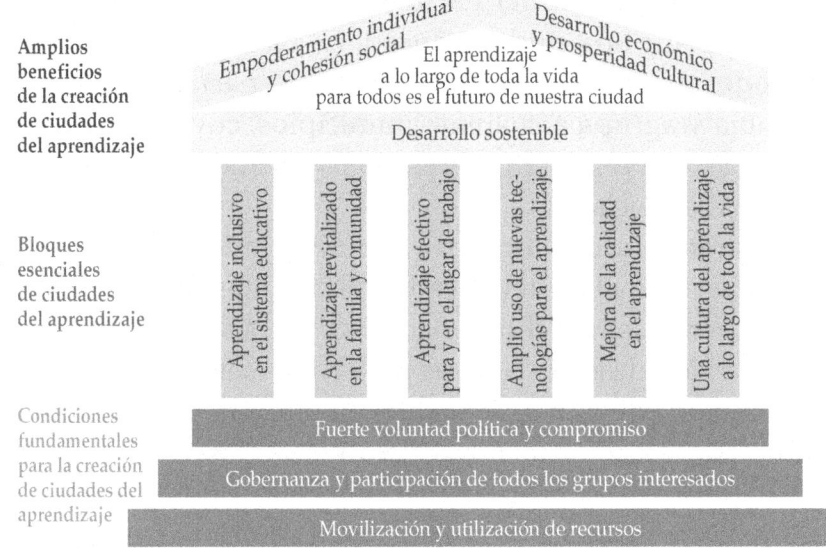

Gráfico 1. Marco de las *Características fundamentales de las ciudades del aprendizaje*[173].

3. Pacto por la Educación: región Norte de Santander 2050[174]

Representantes del equipo del Pacto Educativo Global, de la Oficina Internacional para la Educación Católica y de la Conferencia de Provinciales Jesuitas de América Latina y el Caribe, realizaron una visita en septiembre de 2022 al departamento de la región Norte de Santander, en Colombia. El motivo de la visita fue conocer cómo estaban llevando a

[173] *Cf.* UNESCO e INSTITUTO PARA EL APRENDIZAJE A LO LARGO DE TODA LA VIDA, *Red mundial de ciudades del aprendizaje de la Unesco. Documentos guía*, Hamburgo 2015, 12.

[174] *Cf.* OFICINA INTERNACIONAL PARA LA EDUCACIÓN CATÓLICA, *Construir el Pacto Educativo desde el territorio. La experiencia de la región Norte de Santander (Colombia)*, Roma 2023.

cabo la construcción del Pacto Educativo desde lo local para conseguir una ciudad educadora. La región Norte de Santander es uno de los treinta y dos departamentos de Colombia y agrupa a cuarenta municipios, cuya capital es Cúcuta. Es una región fronteriza con Venezuela y con gran problemática social.

El comité pudo comprobar que uno de los ejes claves para lograr una alianza educativa local fue el diálogo y la escucha activa, sin excluir a nadie; lo que les empujó a repensar la vida desde la *periferia* para comenzar desde ahí la regeneración educativa. Por tanto, tenemos la primera clave para cimentar una alianza educativa: el diálogo[175].

Este proyecto surgió a raíz de la iniciativa política de su gobernador, Silvano Serrano, quien, en su campaña electoral, acogió la voluntad de los ciudadanos y lo incluyó en su programa de gobierno; su compromiso por la educación tuvo por nombre: *Proyecto bandera del Pacto por la Educación.* Dicho proyecto estaba inspirado, entre otras realidades, en la invitación de papa Francisco a construir el PEG, así como en el último informe de la Unesco titulado *Reimaginar juntos nuestros futuros. Un nuevo contrato social por la educación.* A continuación, vamos a desarrollar en cinco subapartados el Pacto por la Educación de la región Norte de Santander.

1. Fundamentación teórica del PEG en un contexto local

Un aspecto esencial dentro de la alianza educativa es la dimensión comunitaria de la educación, por lo que solo se podrá materializar dicho pacto cuando esté arraigado en

---

[175] El papa Pablo VI afirmó: "El clima del diálogo es la amistad. Más todavía: el servicio" (*ES* 10).

las culturas locales: todas presentes y sin que haya exclusiones. Tres pasos sugiere esta fundamentación teórica para una adecuada inculturación del PEG en un contexto local:

– Mediación socioanalítica: consiste en afirmar la propia identidad cultural como una condición previa para, posteriormente, inculturar un proyecto educativo.
– Mediación hermenéutica: desde la conciencia de la propia cultura uno se puede abrir a la confrontación con otras culturas y propuestas[176].
– Mediación práctica: se trata de asumir y rehacer el PEG de manera original para, posteriormente, devolverla a su dimensión universal[177].

Estas consideraciones responden a un aspecto formal, ya que la realización práctica (aspecto material) dependerá de cada ciudad y cultura.

2. Trascendencia del PEG

Algunas de las claves a tener en consideración para construir el PEG desde lo local son:

– Repensar el territorio de manera inclusiva e integral en diálogo sincero y transparente, intergeneracional, intercultural e interreligioso; se trata de tener compasión de la realidad.

---

[176] Deben desaparecer cualquier tipo de dualismos en beneficio de que exista solo la comunidad de personas. En este sentido, se trata de desmitificar una ontología de la dominación por una ontología de la libertad. *Cf.* Oficina Internacional para la Educación Católica, *Construir el Pacto Educativo desde el territorio. La experiencia de la región Norte de Santander (Colombia)*, Roma 2023, 31.

[177] En 2022 el papa Francisco, a través de la constitución *Praedicate Evangelium*, creó el nuevo Dicasterio para la Cultura y la Educación, lo que conlleva una relectura del PEG que implique no solo aspectos educativos académicos, sino también elementos culturales, deportivos, etc.

- Es un proceso largo y complejo que debe conectar con los diferentes sujetos sociales: familias, iglesia local, agentes sociales y económicos, políticos, etc.
- Diseñar una hoja de ruta realista con guías para los diversos sectores sociales y buscar las mejores soluciones.
- Desarrollar las competencias que deben guiar cada fase del proceso: pensamiento crítico, comunicación, creatividad y colaboración.
- El territorio se convierte en una gran aula donde se conjugan: corazón, mente y manos, es decir: sentir, pensar y transformar; con una mirada local y global.
- Reimaginar desde el amor y la compasión, mejorando las relaciones con Dios, con los otros y con la casa común.
- Impulsar la cultura del encuentro, incluyendo a todos y generando procesos de sanación; siendo conscientes de que tendremos que ceder por el bien común.
- Dialogar con amabilidad, aliviando el peso del otro.

3. El PEG: una invitación local y global

Numerosas voces particulares, en las últimas décadas, se han ido sumando a la necesidad de un pacto educativo. Una de esas voces autorizadas es Andrés Oppenheimer, quien advierte de la urgente necesidad de un pacto nacional entre los principales partidos políticos para una reforma educativa a largo plazo, pues dichas mejoras suelen tardar veinte años, aproximadamente, en dar resultados. Asimismo, Oppenheimer afirma que una eficaz reforma educativa no se logrará a golpe de leyes[178].

---

[178] Para más información: A. OPPENHEIMER, *¡Basta de historias! La obsesión latinoamericana por la historia y las doce claves de futuro*, Debate, Barcelona 2010.

Sin duda, la voz que más resuena en ambientes católicos es la invitación del papa Francisco en 2019 a la fraternidad a través de un pacto por la educación; llamada que es, a su vez, acogida e impulsada desde la Unesco a través de su informe en 2021 *Reimaginar juntos nuestros futuros. Un nuevo contrato social para la educación*, donde se invita a toda la sociedad a reimaginar la educación para generar un mundo más humano y sostenible.

Asimismo, la Organización de las Naciones Unidas lanzó en 2015 los objetivos de desarrollo sostenible 2030, convocando a todo el mundo a unir sus esfuerzos para conseguir esos diecisiete objetivos trazados, varios de ellos entroncados con la educación. La Iglesia católica hace suyos los desafíos planteados en los objetivos de desarrollo sostenible y, prueba de ello, es el discurso del papa Francisco de febrero de 2020:

> La educación integral y de calidad y los patrones de graduación siguen siendo un reto mundial. A pesar de los objetivos y metas formulados por la Organización de Naciones Unidas y otros organismos (*cf.* objetivo cuarto) y de los importantes esfuerzos realizados por algunos países, la educación sigue siendo desigual entre la población mundial. La pobreza, la discriminación, el cambio climático, la globalización de la indiferencia, las cosificaciones del ser humano marchitan el florecimiento de millones de criaturas. De hecho, representan para muchos un muro casi infranqueable que impide lograr los objetivos y las metas de desarrollo sostenible y garantizado que se han propuesto los pueblos[179].

---

[179] FRANCISCO, *Discurso a los participantes en el seminario sobre educación: el pacto mundial, organizado por la Pontificia Academia de Ciencias Sociales* (7 de febrero de 2020).

Por su parte, en la convocatoria a la que asistieron los líderes de las principales religiones vivas actuales (el 5 de octubre de 2021, por invitación del papa Francisco) se comprometieron a promover un pacto educativo abierto a la trascendencia. Allí acordaron:

1. Impulsar una educación para todos e involucrando a todos.
2. Potenciar una educación holística: corazón, cabeza y manos.
3. Construir una educación más fraterna.
4. Cambiar el currículo.
5. Promover una educación que ayude a transformar contextos y menos burocrática.
6. Transmitir valores, también religiosos.
7. Defender la identidad y dignidad de cada ser humano.
8. Amar y defender la casa común.
9. Contribuir a la fraternidad desde el diálogo de culturas y religiones.

Así pues, podemos constatar la coincidencia existente entre lo que manifiestan los diversos sectores de la sociedad civil, entre ellos la Unesco, los líderes religiosos y el papa Francisco; lo que genera un clima propicio para construir todos juntos esta alianza educativa local y global.

Por su parte, la región Norte de Santander ha asumido los siguientes documentos para llevar a cabo su alianza educativa: los objetivos de desarrollo sostenible (2015), la convocatoria de la Unesco bajo el título *Los futuros de la educación. Un nuevo contrato social para la educación* (2019), el PEG (2019), el Pacto por la Educación Santander 2030 (2015), el Pacto por la Educación de Barranquilla-Plan Decenal de Educación Distrital 2016-2026 (2016), el Pacto por la Educación de Santiago de Cali (2019), el Pacto Regional por la Calidad Educativa Alcaldía de Jumbo, Valle del Cauca, Colombia (2019) y el Plan Sectorial de Educación, Bogotá (2020).

4. Objetivos del Pacto Educativo desde lo local

En todos los sectores de la sociedad se pone de manifiesto la urgencia por mejorar la educación, ya que advierten que se ha quedado obsoleta y no responde a las exigencias del mundo contemporáneo. De lo que se trata es de mejorar la función educativa para humanizar la sociedad. El informe de la Unesco que realizó Jacques Delors en 1996 titulado *La educación encierra un tesoro* indicaba cuatro pilares de la educación: aprender a aprender, aprender a hacer, aprender a ser y aprender a convivir. Si hoy se tuvieran que reeditar dicho informe, según el Pacto por la Educación de la región Norte de Santander, se deberían añadir dos pilares más: aprender a servir y aprender a cuidar[180].

En efecto, la educación debe llevarnos a transformar contextos estando al servicio de los demás y de la casa común. Elementos indispensables para contemplar en el Pacto Educativo. En este sentido, Francisco y la directora general de la Unesco, Audrey Azoulay, en 2020 y con motivo del relanzamiento del PEG afirmaban: "[Necesitamos] involucrar a todos en la construcción de este pacto, [...] un nuevo compromiso de la sociedad entera por la educación". Y más adelante coincidían en que "la educación es el pilar de la refundación de las sociedades" y en "poner en el centro a la persona". En dicho relanzamiento, Francisco propuso

---

[180] *Cf.* Oficina Internacional para la Educación Católica, *Construir el Pacto Educativo desde el territorio. La experiencia de la región Norte de Santander (Colombia)*, Roma 2023, 115.

sus siete compromisos para el PEG, que vimos en el segundo capítulo. Compromisos que son fácilmente asumibles tanto por personas católicas como por no creyentes.

La región Norte de Santander invita a que sus agentes sociales y dirigentes políticos se sumen a este proyecto para:

1. Transformar la educación.
2. Hacer comprender que la educación es responsabilidad de toda la sociedad, ya que supone la más importante inversión para el desarrollo de la comunidad.
3. Construir una nueva ciudadanía basada en la fraternidad local y global.
4. Promocionar la construcción de una comunidad del aprendizaje y la innovación.
5. Cultivar las capacidades y habilidades en todos los ciudadanos.
6. Situar a los niños y jóvenes en el centro del aprendizaje.
7. Crear mejores oportunidades para mejorar la calidad de vida.

Estas acciones ponen de manifiesto la convicción de que la educación es el motor de cambio que necesita el mundo para lograr una sociedad más fraterna y justa. En efecto, el Pacto por la Educación de la región Norte de Santander expresa su propósito de la siguiente manera:

– Construir un nuevo modelo educativo con visión 2050, que cambie la educación para desarrollar las competencias que necesitan los niños y jóvenes en el mundo contemporáneo.
– Lograr un compromiso general que permita una educación inclusiva, equitativa, de calidad y que reconozca la diversidad del territorio.

Estos fines o propósitos que responden a la pregunta de para qué es necesario un Pacto por la Educación deben afianzarse desde lo local. Solo desde el convencimiento personal de estos tres *sentires* el proyecto puede ser factible: sentir la necesidad de cambio, sentir la necesidad de pactar y sentir la necesitar de trabajar juntos.

5. Socialización y sensibilización

La educación, como acabamos de afirmar, es cosa de todos y debemos contar con ellos para su diagnóstico, transformación e implementación. Involucrar a todos conlleva que el reto sea un proceso humanizador e inclusivo. Así, los tres momentos claves en el proceso serían: identificar los colectivos, convocarlos y motivarlos y unir esfuerzos. El papa Francisco afirmaba al respecto: "Hoy más que nunca es necesario unir los esfuerzos por una alianza educativa amplia para formar personas maduras, capaces de superar fragmentaciones y contraposiciones y reconstruir el tejido de las relaciones por una humanidad más fraterna"[181]. Por su parte, resuena el anhelo de Andrés Oppenheimer, quien nos decía:

> La mejora de la calidad educativa difícilmente saldrá de los gobiernos: los políticos siempre van a preferir construir obras públicas, que puedan estar a la vista de todos antes de las próximas elecciones, a invertir en mejoras educativas, que no producen resultados visibles sino hasta dentro de cinco, diez o veinte años. Para que los gobiernos inviertan más y mejor en educación, es necesario que surjan

---

[181] FRANCISCO, *Mensaje para el lanzamiento del Pacto Educativo Global* (12 de septiembre de 2019).

coaliciones de organizaciones no gubernamentales, grandes empresas, medios de prensa, artistas, deportistas y otras figuras mediáticas, que fijen metas concretas de rendimiento académico y exijan su cumplimiento[182].

Y desde la Unesco se nos especifica que:

La educación puede verse en términos de un contrato social, un acuerdo implícito entre los miembros de una sociedad para cooperar en pro de un beneficio común. [...] El punto de partida es una visión compartida de las finalidades públicas de la educación[183].

La región Norte de Santander ha comprobado en su proceso que, tras la convocatoria al pacto, la implicación de los distintos agentes no fue simultánea, sino de manera progresiva. Tras lo expuesto en este epígrafe, conviene profundizar en la idea de que conviene incluir a todos, con el fin de activar a los diferentes sectores de la sociedad y, para ello, necesitamos tres nuevos aprendizajes:

– Aprender a leer la historia desde el futuro. Para los no creyentes ese futuro será una sociedad más humana, fraterna, justa, pacífica y sostenible y, para los cristianos, ese futuro será el reino de Dios. Unos y otros debemos ver la historia desde el final, pues vislumbrando lo deseable podemos corregir lo necesario para que ese futuro sea posible y sea pronto.
– Aprender a leer la historia sin dejar de lado la de los vencidos. Debemos poner en valor la historia y las

---

[182] A. OPPENHEIMER, *¡Basta de historias! La obsesión latinoamericana por la historia y las doce claves de futuro*, Debate, Barcelona 2010, 383-384.

[183] UNESCO, *Reimaginar juntos nuestros futuros. Un nuevo contrato social para la educción*, 2021, 2.

motivaciones de los vencidos, pues si solo consideramos la realidad de los vencedores, estaremos distorsionando la cohesión que tanto anhelamos.

- Aprender a leer la historia desde nuestras debilidades. Desde esta óptica es como somos capaces de acoger a todos; comenzando por la vulnerabilidad propia.

CONCLUSIÓN

A lo largo de esta tercera parte, hemos pretendido ofrecer una exposición genérica sobre la acogida y aplicación del PEG en distintos sectores de la sociedad: eclesial, religioso, académico y civil. Esta aproximación nos ha permitido constatar que la llamada del papa Francisco a construir la *aldea de la educación global* ha encontrado eco en múltiples ámbitos, promoviendo procesos de reflexión, transformación e implementación.

En el ámbito de las escuelas católicas, ha sido relevante el documento *La identidad de la escuela católica para una cultura del diálogo*, publicado por la Congregación para la Educación Católica tras el lanzamiento del PEG. Este texto subraya la necesidad de salvaguardar la *identidad católica* en los centros educativos eclesiales, no como un repliegue doctrinal, sino como fundamento para un diálogo auténtico con el mundo contemporáneo. Ya que solo desde una identidad clara y evangélica es posible un encuentro fecundo y transformador.

En cuanto a las universidades católicas, Francisco promueve cinco áreas de investigación en cinco universidades distintas, repartidas por todo el mundo. Dichas áreas promueven y sitúan a la persona humana como centro de toda investigación científica y de que todo debe girar en torno a su dignidad por el bien personal y común, en base a una justicia social.

En tercer lugar, los líderes religiosos de diversas tradiciones comparten la inquietud de Francisco y asumen que la educación es un gran desafío y que requiere del esfuerzo de todos y que no puede afrontarse de forma aislada. La respuesta al drama de la educación requiere, además del esfuerzo interreligioso, la particular protección de niños y niñas en contextos especialmente vulnerables.

Finalmente, al considerar diversos modelos de pactos educativos que existen a nivel internacional, se observa que cada enforque (sea el de las ciudades educadoras, las ciudades del aprendizaje de la Unesco, el Pacto por la Educación de la región Norte de Santander o el propio PEG) responde a necesitades concretas. Mientras que las primeras priorizan la participación ciudadana y el aprendizaje permanente, desde una visión laica y urbana, el PEG tiene un enfoque más teológico, eclesial y antropológico, proponiendo un humanismo cristiano que busca regenerar la cultura y la sociedad desde las estructuras educativas a la luz del Evangelio.

EPÍLOGO

A lo largo de la presente obra se ha puesto de manifiesto la importancia y trascendencia que la educación tiene para el desarrollo de la humanidad. Numerosas voces en todo el mundo, tanto del ámbito religioso como civil, han advertido desde hace décadas sobre la necesidad de una urgente reforma educativa, tanto a nivel local como global. En este contexto, el papa Francisco ha señalado reiteradamente, a lo largo de su pontificado, la existencia de una grave crisis antropológica que afecta al ser humano en su totalidad y cuyas manifestaciones se traducen en una creciente desigualdad, un acentuado individualismo y una preocupante degradación medioambiental.

Esta crisis, en palabras de Francisco, es reflejo de un cambio de paradigma que debe ser discernido como una oportunidad providencial y profética para reconstruir la humanidad. En respuesta a ello, Francisco nos propone el PEG como una alianza amplia, inclusiva y abierta a todos los sectores de la sociedad (familias, escuelas, universidades, gobiernos, empresas, confesiones religiosas y a todas las personas de buena voluntad), para lograr una nueva humanidad: un mundo fraterno, una civilización del amor. La *aldea global* debe ser fruto de la *aldea de la educación*.

La Iglesia, por su parte, que es experta en humanidad por vocación y misión, tiene la experiencia necesaria para ofrecer itinerarios educativos adecuados a los desafíos actuales ofreciendo *humanizar la educación*, poniendo a la persona en el centro, sin perder la fidelidad al Evangelio ni a su misión evangelizadora. Así, estableciendo una *cultura del diálogo* y poniendo a la persona humana en el centro de la alianza educativa podremos conseguir *globalizar la esperanza* y alcanzar la *fraternidad universal*.

El objetivo general de esta obra ha sido ofrecer una visión panorámica sobre el PEG. Objetivo que hemos intentado desarrollar en las tres partes que lo componen.

En la primera parte hemos realizado una exposición cronológica de los documentos magisteriales más relevantes en materia de educación católica desde el Concilio Vaticano II hasta la actualidad. La declaración conciliar *Gravissimum educationis* nos ofrece algunos principios fundamentales sobre la educación cristiana. Educación que es ofrecida a través de las escuelas católicas y que prestan un singular servicio a la Iglesia en la promoción del pensamiento cristiano. Las constituciones apostólicas *Ex corde Ecclesiae*, de Juan Pablo II, y *Veritatis gaudium*, de Francisco, responden a un contexto cuyos desafíos culturales necesitan respuestas actualizadas, pero en un ámbito universitario. La centralidad del *kerigma* y el diálogo a todos los niveles fundamentan una Iglesia *en salida* capaz de superar la ruptura entre teología y pastoral y entre fe y vida. Por último, los tres documentos de la Congregación para la Educación Católica analizados nos ofrecen un escenario cultural, antropológico, socioeconómico y teológico de primer orden que nos han acercado al escenario actual educativo y ponen de manifiesto el drama de la educación a nivel mundial. Sin embargo, el escenario catastrófico en materia educativa puede convertirse en una semilla de esperanza que puede ayudar a transformar la educación a todos los niveles y en todo el mundo y que, como consecuencia, provea al mundo de una nueva humanidad más fraterna y basada en la justicia social. Creemos que estamos en lo cierto al afirmar que todos los documentos expuestos en este capítulo muestran un magisterio y teología encarnadas.

En la segunda parte, hemos abordado la naturaleza del PEG como respuesta profética del papa Francisco al drama de la educación en todo el mundo y como solución a un cambio de paradigma social, cultural, económico, político y antropológico. El PEG es una llamada para que todos los sectores sociales, sin que nadie se sienta excluido, asuman en primera persona la responsabilidad de tejer una nueva estructura social, cultural y económica desde una alianza educativa. Dicho pacto tiene la finalidad de construir una humanidad más fraterna y sostenible. Y para ello, el Dicasterio para la Cultura y la Educación ha elaborado un *instrumentum laboris* que constituye un marco orientador que articule los principios básicos de dicho proyecto. Siete son los compromisos que Francisco propone para su implantación dentro del PEG y tienen como fundamento el respeto a la dignidad de la persona humana, el cuidado de la casa común y el diálogo como herramienta válida para lograr cualquier tipo de avance.

En la tercera parte, se ha ofrecido una exposición global sobre la acogida y aplicación del PEG en diversos sectores de la sociedad: eclesial, religioso, académico y civil, a través de documentos publicados posteriormente a su lanzamiento. En el ámbito académico se subraya la necesidad de salvaguardar la *identidad católica* en los centros educativos, más que como un repliegue apologético como un fundamento para un auténtico diálogo multicultural y multirreligioso. Las universidades católicas deben promover la formación de personas comprometidas con el bien común y, para ello, Francisco ha propuesto cinco áreas de investigación sustentadas por cinco universidades que van a tener la misión de realizar sus investigaciones científicas situando al ser humano como eje vertebrador. Los líderes religiosos de las principales tradiciones vivas asumen la inquietud por la renovación educativa a nivel global y comparten la urgente necesidad por una alianza global educativa que logre una humanidad más fraterna y solidaria. Por último, diversos modelos de pactos educativos evidencian que las alianzas educativas son posibles, eficaces y necesarias para renovar el tejido social, cultural y económico de la nueva humanidad.

Toda la literatura analizada, magisterial, teológica y civil, han demostrado con suficiente solidez que: el drama educativo es una realidad mundial; existen voces cualificadas que ofrecen soluciones prácticas para regenerar el tejido educativo y social de la humanidad; la Iglesia tiene argumentos válidos y herramientas eficaces para ayudar en el gran desafío de una nueva humanidad a través de un pacto educativo.

La mayor limitación que se ha presentado durante el desarrollo de la presente obra ha sido la escasez de bibliografía sobre el PEG. Al tratarse de una propuesta reciente, aún en fase de consolidación e implementación, no abunda un *corpus* consolidado de monografías, investigaciones o análisis que aborden el tema de manera integral. Esta carencia ha sido subsanada recurriendo, mayoritariamente, a fuentes primarias, como los documentos pontificios, magisteriales y eclesiales que originan y fundamentan el PEG, así como aquellos documentos de instituciones y organismos internacionales que abordan el tema educativo global. Si bien es cierto que la novedad del tema ha supuesto una limitación metodológica importante, también es cierto que ha supuesto un reto estimulante y que invita a futuras investigaciones en el ámbito de la teología fundamental y la educación católica.

Consideramos que *educar para la fraternidad* representa un *kairós* en estos momentos de la historia de la humanidad. Si estamos abiertos al Espíritu Santo sabremos realizar propuestas a la luz de los signos de los tiempos, sin perder la fidelidad al Evangelio. La educación católica, lejos de apagar su esperanza en estos momentos de la historia, debe ser un faro profético capaz de discernir, innovar e implementar. Esperamos que esta obra haya cumplido con el objetivo propuesto y sirva para mayor literatura del tema abordado. Virgen María, Sede de la Sabiduría, orienta la labor educativa en todo el mundo para lograr una nueva humanidad.

APÉNDICES

A continuación, se exponen varias tablas explicativas y/o comparativas para tener una visión más sintética de los modelos de pactos educativos abordados en la tercera parte.

Tabla 1. Doce compromisos de la Declaración de Beijing (elaboración propia)

Compromiso	Explicación	Medidas a implantar
1 **Empoderar a las personas y promover la cohesión social**	Este compromiso resalta la necesidad del empoderamiento individual y la cohesión social para el bienestar, fomentando la participación cívica, la confianza y los vínculos sociales.	– Garantizar la alfabetización y habilidades básicas. – Promover la participación ciudadana. – Garantizar la igualdad de género. – Crear comunidades urbanas inclusivas y seguras.
2 **Potenciar el desarrollo económico y la prosperidad cultural**	Se centra en cómo el desarrollo económico y la prosperidad cultural son herramientas que mejoran la calidad de vida urbana, sirviendo como motor de inclusión y cohesión.	– Estimular un crecimiento económico inclusivo. – Reducir la pobreza. – Crear empleo. – Respaldar ciencia, tecnología e innovación. – Acceso y fomento de la cultura y el ocio.
3 **Promover un desarrollo sostenible**	Busca garantizar un futuro sostenible mediante el uso responsable de recursos naturales, promoviendo un cambio de mentalidad mediante el aprendizaje a lo largo de toda la vida.	– Reducir impactos negativos económicos y medioambientales. – Proteger el entorno y mejorar las condiciones de vida urbana.

Compromiso	Explicación	Medidas a implantar
		– Promover el desarrollo sostenible mediante aprendizaje activo.
4 **Promover un aprendizaje inclusivo en el sistema educativo**	Todos los ciudadanos tienen derecho a las mismas oportunidades de aprendizaje, sin importar diferencias sociales, culturales o personales.	– Ampliar acceso a educación infantil, primaria, superior y técnica. – Mejorar los sistemas de aprendizaje permanente y ofrecer apoyo a grupos marginados.
5 **Revitalizar el aprendizaje en las familias y comunidades**	Reconoce el papel esencial de las familias como lugares esenciales para el aprendizaje. El aprendizaje en familia construye capital social y mejora la calidad de vida.	– Proporcionar recursos a las familias. – Motivar a las familias a que participen en programas educativos. – Reconocer la cultura de las comunidades.
6 **Proporcionar un aprendizaje para el trabajo y en el lugar de trabajo**	Promueve la integración de procesos formativos en el entorno laboral para mejorar las habilidades.	– Asegurar la formación para todos los trabajadores. – Ayudar a organizaciones públicas y privadas a ser organizaciones del aprendizaje. – Proporcionar formación para desempleados.
7 **Extender el uso de las tecnologías modernas de aprendizaje**	Promueve la expansión del aprendizaje mediante las tecnologías de la información y de la comunicación.	– Desarrollar políticas favorables al uso de las tecnologías de la información y de la comunicación. – Capacitar a profesores para que utilicen las tecnologías de la información y de la comunicación y mejoren el aprendizaje. – Ampliar el acceso a las tecnologías de la información y de la comunicación de los ciudadanos.

Compromiso	Explicación	Medidas a implantar
8 Mejorar la calidad en el aprendizaje	La calidad no se basa solo en políticas y número de participantes, sino en fomentar habilidades y actitudes personales y sociales.	– Promover cambio de paradigma educativo. – Aumentar la conciencia en valores morales promoviendo la tolerancia. – Buenos educadores que propicien la enseñanza activa.
9 Fomentar una cultura del aprendizaje a lo largo de toda la vida	Insta a crear una cultura en la que el aprendizaje continuo sea valorado por la sociedad. Siendo este un motivo para seguir aprendiendo.	– Reconocer el papel de bibliotecas, instituciones religiosas y centros culturales como espacios del aprendizaje. – Promover el aprendizaje. – Reconocer la importancia del aprendizaje formal, informal y no formal.
10 Fortalecer la voluntad y el compromiso políticos	Se requiere el compromiso político y los recursos adecuados para construir la ciudad del aprendizaje.	– Liderazgo político y compromiso sólido. – Implementar estrategias para promover el aprendizaje a lo largo de toda la vida. – Realizar seguimiento constante de los avances.
11 Mejorar la gobernanza y la participación de todos los interesados	Destaca la importancia de la colaboración entre todos los sectores de la sociedad. Mayor éxito a mayor participación de todas las partes interesadas, sobre todo, los ciudadanos.	– Establecer mecanismos de coordinación entre los distintos sectores de la sociedad. – Promover sinergias entre los actores educativos. – Realizar aportaciones particulares al proceso.
12 Impulsar la movilización de recursos en las ciudades del aprendizaje	Las ciudades del aprendizaje adquieren mejoras en salud pública, crecimiento económico y bienestar social, así como menor índice de criminalidad.	– Impulsar mayor inversión financiera por parte de gobiernos, sociedad civil, empresas y particulares.

Compromiso	Explicación	Medidas a implantar
		– Eliminar barreras estructurales para el aprendizaje. – Alentar al intercambio de experiencias y buenas prácticas.

Tabla 2. Comparación de pactos educativos: PEG, ciudades educadoras, ciudades del aprendizaje (Unesco) y Pacto por la Educación del Norte de Santander

La tabla siguiente ha sido generada con la ayuda de Chat-GPT-5, a partir del *prompt*: "Hazme una tabla comparativa entre el PEG del papa Francisco, las ciudades educadoras, las ciudades del aprendizaje y el Pacto por la Educación del Norte de Santander (Colombia)".

Pactos educativos	PEG	Ciudades educadoras	Ciudades del aprendizaje	Pacto por la Educación Norte de Santander
Origen	Vaticano, papa Francisco (2019).	Asociación Internacional de Ciudades Educadoras (1990).	Unesco, Instituto de Aprendizaje a lo Largo de la Vida (2013).	Gobernación de Norte de Santander, Colombia (2022).
Enfoque central	Nuevo humanismo integral basado en la fraternidad y la solidaridad.	Educación ciudadana para la transformación social local.	Aprendizaje permanente como motor del desarrollo urbano.	Mejorar calidad educativa regional mediante alianzas público-privadas.

160

Pactos educativos	PEG	Ciudades educadoras	Ciudades del aprendizaje	Pacto por la Educación Norte de Santander
Base antropológica	Visión cristiana: persona como centro, abierta a la trascendencia.	Laica, centrada en ciudadanía, justicia y democracia.	Integral, basada en capacidades y desarrollo humano.	Ciudadano integral, equidad educativa y desarrollo humano local.
Finalidad última	Fraternidad universal, diálogo, justicia y transformación cultural.	Cohesión social, inclusión y participación democrática.	Desarrollo sostenible, equidad, bienestar.	Transformación territorial a través de la educación.
Ejes de acción	Siete compromisos: diálogo, cuidado de la casa común, inclusión, etc.	*Carta de ciudades educadoras* con principios de equidad y participación.	Doce compromisos: inclusión, sostenibilidad, empleo, tecnologías de la información y de la comunicación, etc.	Líneas estratégicas: calidad, inclusión, formación docente, infraestructura.
Ámbito de aplicación	Global (Iglesia, escuelas, universidades católicas).	Gobiernos locales adheridos a la Asociación Internacional de Ciudades Educadoras.	Ciudades inscritas a la red mundial de la Unesco.	Regional: municipios y comunidades educativas del Norte de Santander.
Participación	Iglesia, gobiernos, docentes, familias, sociedad civil.	Gobiernos municipales, comunidad, ONG.	Gobiernos, universidades, empresas, sociedad civil.	Gobernación, Secretaría de Educación, comunidad educativa, sector privado.
Relación con la fe	Explícitamente cristiano y evangelizador.	Laico, abierto al diálogo interreligioso.	Laico, bajo principios de la Unesco.	Laico, con apertura a colaboraciones intersectoriales.

Pactos educativos	PEG	Ciudades educadoras	Ciudades del aprendizaje	Pacto por la Educación Norte de Santander
Instrumentos de desarrollo	*Instrumentum laboris*, pronunciamientos del papa Francisco y de la Congregación para la Cultura y la Educación.	*Carta de ciudades educadoras*, políticas locales.	Declaración de Beijing, marcos y guías de la Unesco.	Plan de desarrollo educativo regional, actas y acuerdos interinstitucionales.

Tabla 3. Comparación entre las ciudades del aprendizaje de la Unesco y el PEG

La tabla siguiente ha sido generada con la ayuda de Chat-GPT-5, a partir del *prompt*: "Hazme una tabla comparativa entre ciudades del aprendizaje de la Unesco y el PEG del papa Francisco".

Pactos educativos	Ciudades del aprendizaje (Unesco)	PEG
Fundamento	Derechos humanos universales inscritos en tratados internacionales.	Invitación ético-espiritual que nace del Evangelio y la dignidad humana.
Objetivo general	Lograr educación inclusiva, equitativa y de calidad para todos (objetivo de desarrollo cuarto).	Transformar el mundo con un nuevo pacto educativo centrado en la persona.
Visión de la persona	Formación integral, basada en libertad, autonomía, convivencia.	La persona como ser relacional, libre y abierta a la trascendencia.
Valores clave	Paz, sostenibilidad, derechos humanos, igualdad, diversidad.	Fraternidad, diálogo, justicia, solidaridad, cuidado de la casa común.
Modelo pedagógico	Aprendizaje a lo largo de la vida, centrado en competencias y valores.	Educación como acto relacional, comunión y participación y compasión.

Pactos educativos	Ciudades del aprendizaje (Unesco)	PEG
Vinculación social	Compromiso con el desarrollo sostenible y la ciudadanía global.	Responsabilidad compartida con la familia, escuela, sociedad y Estado.
Espiritualidad	Secular y universal, sin vínculo religioso.	Cristocéntrica, con apertura al diálogo interreligioso y cultural.
Documentos clave	Red Mundial Ciudades del Aprendizaje (Unesco, 2015).	Mensaje del papa Francisco (2019), encíclicas *Laudato Si'* y *Fratelli tutti*.

Tabla 4. Cuadro comparativo entre *Ex corde Ecclesiae* y *Veritatis gaudium*

La tabla siguiente ha sido generada con la ayuda de Chat-GPT-5, a partir del *prompt*: "Hazme una tabla comparativa entre el documento *Ex corde Ecclesiae* del papa Juan Pablo II y *Veritatis gaudium* del papa Francisco".

Documentos	*Ex corde Ecclesiae* (1990), de Juan Pablo II	*Veritatis gaudium* (2017), de Francisco
Autor y fecha	Juan Pablo II, 15 de agosto de 1990.	Francisco, 8 de diciembre de 2017.
Enfoque general	Doctrinal y normativo: define la identidad católica, misión y estructura académica.	Renovador y pastoral: propone actualización profunda con visión misionera y sinodal.
Finalidad de la universidad	Buscar la verdad desde la razón y la fe, promover la formación integral del ser humano.	Formar agentes de transformación que encarnen la misericordia y el discernimiento evangélico, así como la compasión.

Documentos	*Ex corde Ecclesiae* (1990), de Juan Pablo II	*Veritatis gaudium* (2017), de Francisco
Relación con la sociedad	Diálogo con la cultura contemporánea manteniendo fidelidad al magisterio.	Diálogo interdisciplinar, interreligioso y cultural, con apertura a las periferias sociales y existenciales.
Dimensión eclesial	La universidad es instrumento privilegiado de la misión evangelizadora de la Iglesia.	Llama a la universidad al servicio de una Iglesia en salida, sinodal y profética.
Papel del conocimiento	Integración entre ciencia y fe, con énfasis en la verdad y la identidad cristiana.	Promoción de una sabiduría interdisciplinar al servicio de la justicia, el bien común y el cuidado de la creación.
Novedades específicas	Normas sobre contratación, enseñanza de teología, autoridad eclesial en el gobierno académico.	Cuatro criterios clave: contemplación, interdisciplinariedad, diálogo, y opción por los últimos.
Carácter del documento	Constitución apostólica, con normativas para todas las universidades católicas.	Constitución apostólica para universidades eclesiásticas (facultades de Teología, derecho canónico, etc.).

Tabla 5. Diferencias entre la *Carta de las ciudades educadoras* y Red Mundial de Ciudades del Aprendizaje de la Unesco

La tabla siguiente ha sido generada con la ayuda de Chat-GPT-5, a partir del *prompt*: "Hazme una tabla comparativa entre las ciudades educadoras y la Red Mundial de Ciudades del Aprendizaje de la Unesco".

Pacto educativo	*Carta de ciudades educadoras*	Red Mundial de Ciudades del Aprendizaje de la Unesco
Origen y Marco	Surge en el ámbito local (iniciativa de ciudades), con un enfoque ético-político sobre el rol educativo de la ciudad.	Iniciativa internacional liderada por la Unesco, con un marco estructurado y medible a escala global.

Pacto educativo	*Carta de ciudades educadoras*	Red Mundial de Ciudades del Aprendizaje de la Unesco
Enfoque	Más cualitativo y ético: derechos, convivencia, diversidad, cohesión social.	Más técnico y programático: objetivos, indicadores y evaluación de resultados.
Estructura	Veinte principios organizados en tres bloques (derecho, compromiso, servicio).	Doce acciones clave con tres condiciones básicas y un marco de indicadores.
Áreas de actuación	Amplio espectro: cultura, salud, espacio público, cohesión, democracia, asociacionismo.	Aprendizaje inclusivo, comunitario, laboral, uso de tecnologías, cultura de aprendizaje, calidad educativa.
Medición de resultados	No prioriza sistemas de indicadores estandarizados; se basa en compromisos y buenas prácticas.	Incluye indicadores cuantitativos y cualitativos para evaluar el progreso de cada ciudad.
Participación ciudadana	Clave, desde el diálogo intergeneracional hasta la gestión compartida del territorio.	Presente, pero integrada en el desarrollo de sus objetivos establecidos y alianzas estratégicas.
Relación con sostenibilidad	La aborda desde urbanismo, consumo responsable y protección del entorno.	Uno de los tres beneficios principales junto al desarrollo económico y cohesión social.
Tecnología	Se menciona, pero no como eje prioritario.	Uso intensivo de las tecnologías de la información y comunicación como herramientas para democratizar el acceso al aprendizaje.
Escala	Red internacional, pero con fuerte protagonismo de gobiernos locales y contextos culturales.	Red global con estándares y marco común bajo liderazgo de la Unesco.

Tabla 6. Relación entre las prioridades del PEG y los objetivos de desarrollo sostenible

La tabla siguiente ha sido generada con la ayuda de Chat-GPT-5, a partir del *prompt*: "Hazme una tabla comparativa entre las prioridades del PEG del papa Francisco y relaciónalo con las objetivos de desarrollo sostenible".

Prioridades del PEG	Objetivos de desarrollo sostenible
Poner a la persona en el centro	3, 4, 10
Escuchar a las jóvenes generaciones	4, 5, 16
Promover a la mujer	5
Abrirse a la acogida	1, 10, 16
Renovar la economía y la política	8, 10, 16
Cuidar la casa común	6, 7, 12, 13, 15
Construir con otros	17

Tabla 7. Comparación de los siete compromisos del PEG

La tabla siguiente ha sido generada con la ayuda de Chat-GPT-5, a partir del *prompt*: "Hazme una tabla comparativa en la que aparezcan los siete compromisos del PEG del papa Francisco".

Compromisos	Objetivo central	Valores destacados	Consejos para educadores
1. Poner a la persona en el centro	Colocar a la persona como eje de todo proceso educativo, cuidando todas sus dimensiones y su identidad.	Identidad, dignidad humana, formación integral, derechos humanos.	Promover conocimiento de los derechos humanos, igualdad de oportunidades y formación integral.

Compromisos	Objetivo central	Valores destacados	Consejos para educadores
2. Escuchar a las jóvenes generaciones	Incorporar la voz y protagonismo de niños, adolescentes y jóvenes en la construcción educativa.	Escucha, respeto, participación, comunidad, dignidad educativa.	Impulsar la participación estudiantil y adecuar la educación a sus necesidades.
3. Promover a la mujer	Asegurar la inclusión y participación plena de niñas y mujeres en la educación y en la toma de decisiones.	Igualdad, dignidad, equidad, inclusión, rechazo a la violencia.	Asegurar la presencia equitativa de mujeres y promover su inclusión en la toma de decisiones.
4. Responsabilizar a la familia	Reconocer a la familia como el primer y fundamental agente educativo.	Prioridad familiar, corresponsabilidad, formación de virtudes.	Involucrar a las familias en la vida educativa y construir pactos educativos comunitarios.
5. Abrirse a la acogida	Educar para la acogida, con apertura a los más vulnerables y excluidos.	Acogida, inclusión, respeto por la diversidad, justicia social.	Fomentar inclusión de personas marginadas y programas interculturales.
6. Renovar la economía y la política	Educar para una economía y política al servicio del bien común, con perspectiva de ecología integral.	Bien común, democracia, justicia, solidaridad, inclusión.	Revisar planes de estudio hacia una educación democrática y socialmente comprometida.
7. Cuidar la casa común	Educar en el cuidado de la casa común, promoviendo estilos de vida sostenibles y ecológicos.	Sostenibilidad, ecología integral, respeto por la creación.	Impulsar prácticas sostenibles, uso de energías renovables y creación de espacios verdes.

Tabla 8. Resumen de la *Carta de ciudades educadoras*

La tabla siguiente ha sido generada con la ayuda de Chat-GPT-5, a partir del *prompt:* "Hazme una tabla resumen de la *Carta de ciudades educadoras*".

Sección	Contenido clave
Preámbulo	Visión de la ciudad como agente educativo integral, principios de convivencia, diversidad, sostenibilidad y derechos humanos. Aborda retos del siglo XXI, como cambio climático, desigualdad, y participación ciudadana.
El derecho a la ciudad educadora	Principios: educación inclusiva a lo largo de la vida, política educativa amplia, diversidad y no discriminación, acceso a la cultura y diálogo intergeneracional.
El compromiso de la ciudad	Principios: conocimiento del territorio, acceso a la información, gobernanza y participación ciudadana, seguimiento y mejora continua, identidad de la ciudad, espacio público habitable, adecuación de equipamientos y servicios municipales y sostenibilidad.
Al servicio integral de las personas	Principios: promoción de la salud, formación de agentes educativos, orientación e inserción laboral inclusiva, inclusión y cohesión social, corresponsabilidad contra las desigualdades, promoción del asociacionismo y el voluntariado y educación para una ciudadanía democrática y global.

Tabla 9. Principios detallados de la *Carta de ciudades educadoras*

La tabla siguiente ha sido generada con la ayuda de Chat-GPT-5, a partir del *prompt*: "Hazme una tabla que refleje los principios detallados de la *Carta de ciudades educadoras*".

Categoría	Principio	Descripción breve
El derecho a la ciudad educadora	Educación inclusiva a lo largo de la vida.	Garantizar oportunidades de formación y desarrollo para todos a lo largo de la vida.

168

Categoría	Principio	Descripción breve
El derecho a la ciudad educadora	Política educativa amplia.	Política transversal que abarque educación formal, no formal e informal.
	Diversidad y no discriminación.	Promover respeto a la diversidad y combatir cualquier forma de discriminación.
	Acceso a la cultura.	Garantizar el acceso y participación cultural para todos, especialmente los vulnerables.
	Diálogo intergeneracional.	Fomentar proyectos y convivencia entre distintas generaciones.
El compromiso de la ciudad	Conocimiento del territorio.	Basar decisiones en información actualizada sobre territorio y población.
	Acceso a la información.	Garantizar acceso equitativo a la información y combatir la brecha digital.
	Gobernanza y participación ciudadana.	Involucrar a la ciudadanía en la gestión y toma de decisiones municipales.
	Seguimiento y mejora continua.	Evaluar y mejorar de forma continua las políticas y acciones municipales.
	Identidad de la ciudad.	Preservar y promover la identidad cultural e histórica de la ciudad.
	Espacio público habitable.	Diseñar espacios públicos accesibles, seguros y sostenibles para todos.
	Adecuación de equipamientos y servicios municipales.	Mantener y mejorar equipamientos y servicios para el bienestar general.
	Sostenibilidad.	Promover estilos de vida sostenibles y proteger recursos para futuras generaciones.

Categoría	Principio	Descripción breve
	Promoción de la salud.	Fomentar bienestar físico, emocional y social con acceso universal a la salud.
	Formación de agentes educativos.	Formar familias, profesionales y agentes en roles educativos.
	Orientación e inserción laboral inclusiva.	Facilitar inserción laboral inclusiva y libre de estereotipos de género.
Al servicio integral de las personas	Inclusión y cohesión social.	Desarrollar políticas contra exclusión y marginación, fomentando cohesión.
	Corresponsabilidad contra las desigualdades.	Coordinar esfuerzos para reducir desigualdades con participación de todos.
	Promoción del asociacionismo y el voluntariado.	Impulsar asociaciones y voluntariado como formas de participación ciudadana.
	Educación para una ciudadanía democrática y global.	Educar en valores democráticos y conciencia global para la ciudadanía.

Tabla 10. Resumen de la Red Mundial de Ciudades del Aprendizaje de la Unesco

La tabla siguiente ha sido generada con la ayuda de Chat-GPT-5, a partir del *prompt*: "Hazme una tabla en la que aparezca un resumen de la Red Mundial de Ciudades del Aprendizaje de la Unesco".

Sección	Contenido clave
Prólogo e introducción	Importancia del aprendizaje a lo largo de toda la vida como base de la Agenda 2030. Creación de la Red Mundial de Ciudades del Aprendizaje para intercambio de experiencias, políticas y mejores prácticas.

Sección	Contenido clave
Declaración de Beijing sobre ciudades del aprendizaje	Principios rectores que vinculan inclusión, prosperidad y sostenibilidad. Reconoce la diversidad cultural y el papel de las ciudades en el desarrollo sostenible y cohesión social.
Compromisos para ciudades del aprendizaje	Doce acciones clave: empoderar y cohesionar socialmente, potenciar desarrollo económico y cultural, promover sostenibilidad, aprendizaje inclusivo, revitalizar aprendizaje en familia y comunidad, aprendizaje para el trabajo, tecnologías, calidad educativa, cultura de aprendizaje, voluntad política, gobernanza y movilización de recursos.
Características fundamentales	Lista detallada de indicadores cualitativos y cuantitativos para medir progreso en las ciudades del aprendizaje en ámbitos como inclusión educativa, sostenibilidad, gobernanza y recursos.
Estructura del marco	Marco inspirado en el logotipo de la Unesco con tres beneficios (empoderamiento, desarrollo económico/cultural, sostenibilidad), seis bloques esenciales (áreas de aprendizaje) y tres condiciones básicas (voluntad política, gobernanza, recursos).
Áreas clave y condiciones fundamentales	Áreas clave: aprendizaje inclusivo, aprendizaje comunitario, aprendizaje laboral, tecnologías, calidad educativa, cultura de aprendizaje; condiciones: voluntad política, gobernanza, movilización de recursos.

Tabla 11. Acciones y medidas de la Declaración de Beijing

La tabla siguiente ha sido generada con la ayuda de Chat-GPT-5, a partir del *prompt*: "Hazme una tabla en la que aparezcan acciones y medidas específicas de la Declaración de Beijing".

Acción	Medidas específicas
Empoderar a las personas y promover la cohesión social	Alfabetización y habilidades básicas; participación ciudadana; igualdad de género; comunidades seguras e inclusivas.

Acción	Medidas específicas
Potenciar el desarrollo económico y la prosperidad cultural	Crecimiento económico inclusivo; reducción de pobreza; empleo para todos; apoyo a ciencia y tecnología; acceso a cultura y recreación.
Promover un desarrollo sostenible	Reducir impactos ambientales negativos; proteger el entorno; aprendizaje activo para sostenibilidad.
Promover un aprendizaje inclusivo en el sistema educativo	Ampliar acceso desde primera infancia hasta educación superior; educación de adultos; sistemas flexibles; apoyo a grupos marginados.
Revitalizar el aprendizaje en las familias y comunidades	Espacios y recursos de aprendizaje comunitarios; programas adaptados a necesidades; participación de grupos vulnerables; valorar culturas locales.
Proporcionar un aprendizaje para el trabajo y en el lugar de trabajo	Fomentar organizaciones de aprendizaje; acceso laboral inclusivo; apoyo sindical y empresarial; formación para desempleados.
Extender el uso de las tecnologías modernas de aprendizaje	Políticas de las tecnologías de la información y la comunicación; formación docente; acceso a herramientas digitales; recursos de *e-learning* de calidad.
Mejorar la calidad en el aprendizaje	Cambio de paradigma a aprendizaje centrado en creatividad y pensamiento crítico; valores comunes; formación docente; entornos de aprendizaje favorables.
Fomentar una cultura de aprendizaje a lo largo de toda la vida	Reconocer y usar medios, bibliotecas y museos como espacios de aprendizaje; eventos públicos; asesoría; reconocimiento del aprendizaje no formal.
Fortalecer la voluntad y el compromiso políticos	Liderazgo político firme; estrategias participativas; seguimiento de avances.
Mejorar la gobernanza y la participación de todos los interesados	Coordinación intersectorial; alianzas entre sectores; aportes singulares de actores sociales.
Impulsar la movilización de recursos en las ciudades del aprendizaje	Mayor inversión pública y privada; uso eficiente de recursos; apoyo a desfavorecidos; voluntariado; intercambio de buenas prácticas.

Tabla 12. Comparativa entre la *Carta de ciudades educadoras* y la Red Mundial de Ciudades del Aprendizaje de la Unesco

La tabla siguiente ha sido generada con la ayuda de Chat-GPT-5, a partir del *prompt*: "Hazme una tabla comparativa entre la *Carta de ciudades educadoras* y la Red Mundial de Ciudades del Aprendizaje de la Unesco".

Aspecto	*Carta de ciudades educadoras*	Red Mundial de Ciudades del Aprendizaje de la Unesco
Enfoque principal	Ciudad como agente educativo integral, más allá de la escuela, con enfoque en convivencia, diversidad, derechos humanos y sostenibilidad.	Aprendizaje a lo largo de toda la vida como base para desarrollo sostenible, prosperidad y cohesión social.
Principios/ acciones clave	Veinte principios agrupados en tres bloques: derecho a la ciudad educadora, compromiso de la ciudad, y servicio integral de las personas.	Doce acciones clave desde empoderar personas hasta movilizar recursos, con indicadores para medir avance.
Áreas de actuación	Educación inclusiva, cultura, espacio público, salud, cohesión social, asociacionismo, ciudadanía democrática.	Aprendizaje inclusivo, comunitario, laboral, uso de tecnologías, cultura de aprendizaje, calidad educativa.
Condiciones necesarias	No se estructuran explícitamente como condiciones, pero se enfatiza corresponsabilidad social, equidad, y compromiso político local.	Tres condiciones explícitas: voluntad política, gobernanza efectiva, movilización de recursos.
Perspectiva de aprendizaje	Aprendizaje a lo largo de la vida como elemento transversal en todos los ámbitos de la ciudad.	Aprendizaje formal, no formal e informal integrado en políticas y medición de resultados.

Aspecto	*Carta de ciudades educadoras*	Red Mundial de Ciudades del Aprendizaje de la Unesco
Énfasis en la diversidad e inclusión	Fuerte énfasis en combatir discriminación y promover diversidad cultural, étnica, de género, generacional.	Promueve inclusión educativa y social con atención a grupos vulnerables y reducción de desigualdades.
Relación con sostenibilidad	Sostenibilidad como principio transversal, con urbanismo responsable, consumo justo y protección ambiental.	Uno de los tres beneficios centrales; promueve aprendizaje para la sostenibilidad ambiental.
Participación ciudadana	Promueve diálogo intergeneracional, participación en políticas locales y convivencia pacífica.	Participación comunitaria y alianzas como medios para alcanzar objetivos educativos.
Uso de tecnología	Menciona uso de tecnologías, pero no como eje central.	Uso intensivo de las tecnologías de la información y la comunicación como herramientas de aprendizaje y reducción de brecha digital.
Gobernanza y recursos	Enfatiza cooperación municipal, trabajo en red y compromiso político local.	Marco claro de gobernanza intersectorial y cooperación internacional para lograr objetivos.

SIGLAS

AL	*Amoris laetitia*
CA	*Centesimus annus*
ChL	*Christifideles laici*
CV	*Caritas in veritate*
DH	*Dignitatis humanae*
ECE	*Ex corde Ecclesiae*
EG	*Evangelii gaudium*
EN	*Evangelii nuntiandi*
ES	*Ecclesiam suam*
FR	*Fides et ratio*
FT	*Fratelli tutti*
GE	*Gravissimum educationis*
GS	*Gaudium et spes*
LS	*Laudato si'*
MM	*Mater et Magistra*
NA	*Nostra aetate*
NMI	*Novo millennio ineunte*
OT	*Optatam totius*
PP	*Populorum progressio*
SRS	*Sollicitudo rei sociales*
VG	*Veritatis gaudium*

REFERENCIAS BIBLIOGRÁFICAS

1. Fuentes

Concilio Vaticano II. Edición bilingüe de la Conferencia Episcopal Español, Biblioteca de Autores Cristianos, Madrid 2004.

Sagrada Biblia. Versión oficial de la Conferencia Episcopal Española, Biblioteca de Autores Cristianos, Madrid 2010.

2. Magisterio de la Iglesia

Juan XXIII

Carta encíclica *Mater et Magistra*, en *Acta apostolicae sedis* 53 (1961), 401-464.

Pablo VI

Carta encíclica *Ecclesiam suam*, en *Acta apostolicae sedis* 56 (1964), 609-659.

Carta encíclica *Populorum progressio*, en *Acta apostolicae sedis* 59 (1967), 257-299.

Exhortación apostólica *Evangelii nuntiandi*, en *Acta apostolicae sedis* 68 (1976), 5-76.

Juan Pablo II

Constitución apostólica *Ex corde Ecclesiae*, en *Acta apostolicae sedis* 82 (1990), 1475-1509.

Carta encíclica *Sollicitudo rei socialis*, en *Acta apostolicae sedis* 80 (1988), 547-560.

Carta encíclica *Centesimus annus*, en *Acta apostolicae sedis* 83 (1991), 793-867.

Carta encíclica *Fides et ratio*, en *Acta apostolicae sedis* 91 (1999), 5-88.

Exhortación apostólica postsinodal *Christifideles laici*, en *Acta apostolicae sedis* 81 (1989), 393-521.

Carta apostólica *Novo millennio ineunte*, en *Acta apostolicae sedis* 93 (2001), 266-309.

Benedicto XVI

Carta encíclica *Spe salvi*, en *Acta apostolicae sedis* 99 (2007), 985-1027.

Carta encíclica *Caritas in veritate*, en *Acta apostolicae sedis* 101 (2009), 641-709.

Mensaje a la diócesis de Roma sobre la tarea urgente de la educación (21 de enero de 2008), en <www.vatican.va/content/benedict-xvi/es/letters/2008/documents/hf_ben-xvi_let_20080121_educazione.html> (consultado 2/7/2025).

Discurso a los participantes en el encuentro con representantes de otras religiones (17 de abril de 2008), en <www.vatican.va/content/benedict-xvi/es/speeches/2008/april/documents/hf_ben-xvi_spe_20080417_other-religions.html> (consultado 2/7/2025).

Francisco

Constitución apostólica *Veritatis gaudium*, en *Acta apostolicae sedis* 110 (2017), 1-34.

Carta encíclica *Laudato si'*, en *Acta apostolicae sedis* 107 (2015), 847-945.

Carta encíclica *Fratelli tutti*, en *Acta apostolicae sedis* 112 (2020), 969-1074.

Exhortación apostólica *Evangelii gaudium*, en *Acta apostolicae sedis* 105 (2013), 1019-1137.

Exhortación apostólica postsinodal *Amoris laetitia*, en *Acta apostolicae sedis* 108 (2016), 311-446.

Audiencia general (18 de marzo de 2015), en <www.vatican. va/content/francesco/es/audiences/2015/documents/ papa-francesco_20150318_udienza-generale.html> (consultado 3/7/2025).

Discurso al cuerpo diplomático acreditado ante la Santa Sede (11 de enero de 2016), en <www.vatican.va/content/fran cesco/es/speeches/2016/january/documents/papa-francesco_20160111_corpo-diplomatico.html> (consultado 3/7/2025).

Discurso a los participantes en el seminario sobre educación: el pacto mundial, organizado por la Pontificia Academia de Ciencias Sociales (7 de febrero de 2020), en <www.vatican.va/ content/francesco/es/speeches/2020/february/docu ments/papa-francesco_20200207_education-global compact.html> (consultado 3/7/2025).

Discurso a los participantes en la Asamblea General de los miembros de la Pontificia Academia para la Vida (5 de octubre de 2017), en <www.vatican.va/content/francesco/es/spee ches/2017/october/documents/papa-francesco_2017 1005_assemblea-pav.html> (consultado 3/7/2025).

Discurso a los fieles de Pietralcina (17 de marzo de 2018), en <www.vatican.va/content/francesco/es/speeches/ 2018/march/documents/papa-francesco_20180317_ pietrelcina-fedeli.html> (consultado 3/7/2025).

Documento sobre la fraternidad humana por la paz mundial y la convivencia común (4 de febrero de 2019), en <www.vati can.va/content/francesco/es/events/event.dir.html/

content/vaticanevents/es/2019/2/4/fratellanza-uma na.html> (consultado 1/7/2025).

Discurso al cuerpo diplomático acreditado ante la Santa Sede (9 de enero de 2020), en <https://www.vatican.va/content/francesco/es/speeches/2020/january/documents/papa-francesco_20200109_corpo-diplomatico.html> (consultado 1/7/2025).

Videomensaje sobre el Pacto Educativo Global (15 de octubre de 2020), en <www.vatican.va/content/francesco/es/mes sages/pont-messages/2020/documents/papa-francesco_20201015_videomessaggio-global-compact.html> (consultado 1/7/2025).

Mensaje para la Jornada Mundial de la Paz (1 de enero de 2020), en <www.vatican.va/content/francesco/es/messages/peace/documents/papa-francesco_20191208_messag gio-53giornatamondiale-pace2020.html> (consultado 1/7/2025).

Discurso a los participantes a la asamblea plenaria de la Congregación para la Educación Católica (9 de febrero de 2017), en <www.vatican.va/content/francesco/it/speeches/2017/february/documents/papa-francesco_20170209_plenaria-educazione-cattolica.html> (consultado 1/7/2025).

Discurso en la Universidad de Roma Tre (17 de febrero de 2017), en <www.vatican.va/content/francesco/es/speeches/2017/february/documents/papa-francesco_20170217_universita-romatre.html> (consultado 1/7/2025).

Documento preparatorio del Sínodo sobre los Jóvenes, en <https://www.vatican.va/roman_curia/synod/documents/rc_synod_doc_20170113_documento-preparatorio-xv_sp.html> (consultado 4/7/2025).

Videomensaje al Congreso Internacional de Teología organizado por la Pontificia Universidad Católica Argentina Santa María de los Buenos Aires (1-3 de septiembre de 2015), en <www.vatican.va/content/francesco/es/messages/pont-messages/2015/documents/papa-francesco_20150903_videomessaggio-teologia-buenos-aires.html> (consultado 4/7/2025).

Discurso al quinto convenio nacional de la Iglesia italiana (10 de noviembre de 2015), en <www.vatican.va/content/francesco/es/speeches/2015/november/documents/papa-francesco_20151110_firenze-convegno-chiesa-italiana.html> (consultado 1/7/2025).

Discurso a la Comunidad de la Pontificia Universidad Gregoriana y a los miembros de los asociados Pontificio Instituto Bíblico y Pontificio Instituto Oriental (10 de abril de 2014), en <www.vatican.va/content/francesco/es/speeches/2014/april/documents/papa-francesco_20140410_universita-consortium-gregorianum.html> (consultado 4/7/2025).

Discurso en el encuentro de religiones y educación (5 de octubre de 2021), en <www.vatican.va/content/francesco/es/speeches/2021/october/documents/20211005-patto educativo-globale.html> (consultado 5/7/2025).

Discurso durante el encuentro con los estudiantes y el mundo académico (1 de octubre de 2017), en <www.vatican.va/content/francesco/es/speeches/2017/october/documents/papa-francesco_20171001_visitapastorale-bologna-mondoaccademico.html> (consultado 5/7/2025).

Discurso en el encuentro con el mundo de la cultura (22 de septiembre de 2013), en <www.vatican.va/content/francesco/es/speeches/2013/september/documents/papa-francesco_20130922_cultura-cagliari.html> (consultado 6/7/2025).

Discurso en el encuentro con el mundo de la enseñanza (7 de julio de 2015), en <www.vatican.va/content/francesco/es/speeches/2015/july/documents/papa-francesco_

20150707_ecuador-scuola-universita.html> (consultado 6/7/2025).

Discurso en el atrio de la Pontificia Universidad Lateranense (31 de octubre de 2019), en <www.vatican.va/content/ francesco/es/speeches/2019/october/documents/papa-francesco_20191031_mostra-calligrafia.html> (consultado 5/7/2025).

Discurso a los participantes en la Conferencia Internacional para la Paz (28 de abril de 2017), en <www.vatican.va/content/ francesco/es/speeches/2017/april/documents/papa-francesco_20170428_egitto-conferenza-pace.html> (consultado 7/7/2025).

Mensaje para el lanzamiento del Pacto Educativo Global (12 de septiembre de 2019), en <www.vatican.va/content/ francesco/es/messages/pont-messages/2019/docu ments/papa-francesco_20190912_messaggio-patto-educativo.html> (consultado 8/7/2025).

León XIV

Carta apostólica *Diseñar nuevos mapas de esperanza* (26 de octubre de 2025), en <www.vatican.va/content/leo-xiv/es/apost_letters/documents/20251027-disegnare-nuove-mappe.html> (consultado 10/11/2025).

Mensaje a los participantes en la Asamblea General de la Federación Internacional de Universidades Católicas (28 de julio-1 de agosto de 2025), en <www.vatican.va/content/leo-xiv/es/messages/pont-messages/2025/documents/ 20250721-messaggio-fiuc.html> (consultado 5/7/2025).

Discurso a los miembros del International Youth Advisory Body (31 de octubre de 2025), en <www.vatican.va/content/ leo-xiv/es/speeches/2025/october/documents/2025 1031-iyab.html> (consultado 26/11/2025).

Discurso con motivo del Jubileo del Mundo Educativo (31 de octubre de 2025), en <www.vatican.va/content/leo-xiv/es/speeches/2025/october/documents/20251031-giubileo-educatori.html> (consultado 26/11/2025).

Homilía con motivo de la santa misa con los universitarios de las universidades pontificias (27 de octubre de 2025), en <www.vatican.va/content/leo-xiv/es/homilies/2025/documents/20251027-messa-univ-pontificie.html> (consultado 27/11/2025).

Congregación para la Educación Católica

Educar al diálogo intercultural en la escuela católica (28 de octubre de 2013), en <www.vatican.va/roman_curia/congregations/ccatheduc/documents/rc_con_ccatheduc_doc_20131028_dialogo-interculturale_sp.html> (consultado 1/7/2025).

Educar hoy y mañana. Una pasión que se renueva. Instrumentum laboris (2014), en <www.vatican.va/roman_curia/congregations/ccatheduc/documents/rc_con_ccatheduc_doc_20140407_educare-oggi-e-domani_sp.html> (consultado 1/7/2025).

Educar al humanismo solidario (16 de abril de 2017), en <www.vatican.va/roman_curia/congregations/ccatheduc/documents/rc_con_ccatheduc_doc_20170416_educare-umanesimo-solidale_sp.html> (consultado 1/7/2025).

La identidad de la escuela católica para una cultura del diálogo (25 de enero de 2022), en <www.vatican.va/roman_curia/congregations/ccatheduc/documents/rc_con_ccatheduc_doc_20220125_istruzione-identita-scuola-cattolica_sp.html> (consultado 1/7/2025).

Las personas consagradas y su misión en la escuela. Reflexiones y orientaciones (28 de octubre de 2002), en <www.vatican.

va/roman_curia/congregations/ccatheduc/documents/
rc_con_ccatheduc_doc_20021028_consecrated-persons_
sp.html> (consultado 1/7/2025).

Congregación para la Doctrina de la Fe

Declaración *Dominus Iesus* (16 de junio de 2000), en <www.
vatican.va/archive/aas/documents/AAS-92-2000-ocr.
pdf> (consultado 1/7/2025).

Pontificio Consejo para el Diálogo Interreligioso. Congregación para la Evangelización de los Pueblos

*Instrucción Diálogo y anuncio. Reflexiones y líneas acerca del
anuncio del Evangelio y el diálogo interreligioso* (19 de mayo
de 1991), en <www.vatican.va/roman_curia/pontifical_
councils/interelg/documents/rc_pc_interelg_doc_
19051991_dialogue-and-proclamatio_en.html> (consultado 1/7/2025).

Comisión Teológica Internacional

La fe y la inculturación (1987), en <www.vatican.va/roman_
curia/congregations/cfaith/cti_documents/rc_cti_1988_
fede-inculturazione_sp.html> (consultado 1/7/2025).

3. Monografías

Asociación Internacional de Ciudades Educadoras,
Carta de ciudades educadoras, Barcelona 1990.
Hannah Arendt, *Tra passato e futuro*, Garzanti, Torino 1999
(original 1961).

Oficina Internacional para la Educación Católica, *Construir el Pacto Educativo desde el territorio. La experiencia de la región Norte de Santander (Colombia)*, Roma 2023.

Juan Antonio Ojeda, *Luces para el camino. Pacto Educativo Global. Una educación de, con y para todos. Hacia una sociedad más fraterna, solidaria y sostenible*, Oficina Internacional para la Educación Católica, SM-PPC, Madrid 2020.

Andrés Oppenheimer, *¡Basta de historias! La obsesión latinoamericana por la historia y las doce claves de futuro*, Debate, Barcelona 2010.

Unesco

Unesco, *Reimaginar juntos nuestros futuros. Un nuevo contrato social para la educción*, París 2021.

Unesco e Instituto para el Aprendizaje a lo Largo de Toda la Vida, *Red mundial de ciudades del aprendizaje de la Unesco. Documentos guía*, Hamburgo 2015.

ÍNDICE DE TABLAS

ÍNDICE